D

Inhalt

Vorbemerkungen

Mit der Identität ist es so eine Sache. Wenn wir meinen, sie sei unverrückbar, erweist sie sich als fragil und windanfällig, und sobald wir sie an einem Ende verändern wollen, bockt sie und gibt sich erdbebensicher. Ich, der ich an dieser Stelle versuche, mir probeweise die Partialidentität des Essayisten überzustreifen, sehe mich konfrontiert mit der Selbstverständlichkeit, in der ich mich offenbar als Erzähler verstehe, egal, ob das mehr mit Erfahrung zu tun hat oder mehr mit Suggestion. Als jemand, der sich in seinen Erzählungen und Romanen sicherer fühlt als in dem, was er sonst zu sagen hat, bin ich jedenfalls versucht anzukündigen, in vorliegendem Band handle es sich um ein Parergon, um eine Handvoll Beiwerk, um eine Art Nebensachenkollektion, und nehme zugleich wahr, dass sich diese präventiv defensive Behauptung nicht nur aus dem eben skizzierten Dilemma des Identitätswechsels speist, sondern in gleichem Maß aus der sonderbaren Exponiertheit, in der man sich augenblicklich wiederfindet, wenn man an die Beantwortung der Frage nach dem Ursprung des eigenen Erzählens schreitet. Wo beginnt eigentlich unser Erzählen? Woraus bezieht es seine Energie? Welche Dinge umkreist es, wo hält es inne und an welchen Punkten hat es ein Ende?

Bei vorliegendem Band handelt es sich um eine Sammlung von Reden, Vorträgen und Aufsätzen, entstanden in einem Zeitraum von knapp zehn Jahren, um eine unsystematische Poetik, könnte man sagen. Der Ausgangs- und Angelpunkt der Sammlung sind die Zürcher Poetikvorlesungen 2010, die diesem Buch vorangestellt sind; ansonsten orientiert sich die Reihenfolge der Beiträge im Wesentlichen an der Chronologie ihrer Entstehung.

Bei der Zusammenstellung habe ich versucht, Wiederholungen und Redundanzen aus Gründen von Lesbarkeit und Kurzweiligkeit zu vermeiden; dort und da möchte ich sie der Leserin und dem Leser trotzdem zumuten, bei Pippi Langstrumpfs Suche nach dem Spunk zum Beispiel oder am deutlichsten vielleicht bei Helene, dem kleinen Mädchen, dem man in einem gleichlautenden Abschnitt sowohl im ersten Teil der Poetikvorlesungen als auch im allerletzten Kapitel des Buches begegnet. Auf diese Weise wird nebenbei klargelegt, was notwendigerweise Gestaltungsprinzip ist, wenn man öffentlich über Dinge nachdenkt und dabei nicht primär an die Publikation in Sammelbänden denkt: Collage, Bricolage und Selbstzitat.

Bezogen auf den Inhalt des Buches wäre die obige Nebensachenbehauptung natürlich die reine Koketterie, befassen sich doch alle Beiträge in der einen oder anderen Weise mit Kindheit, somit mit jener Zone, deren Durchmessung zu meiner beruflichen Hauptsache geworden ist. Die Rede wird also sein von den Jahren, in denen wir lernen, die Welt in Begriffe zu fassen, in denen wir die Geschichten hören, die uns ein Leben lang nicht mehr verlassen, in denen wir schließlich erstmals die Möglichkeit ergreifen, all das, was uns Angst oder Begeisterung, Sehnsucht oder Verzweiflung, Not oder Leidenschaft bedeutet, zu dem zu formen, was uns letztlich ausmacht, zu unserer eigenen Erzählung.

P. H., September 2011

Katzen, Körper, Krieg der Knöpfe

Von der Notwendigkeit, über Kinder zu schreiben

Zürcher Poetikvorlesungen

Karl Wagner: Eine Einführung

Zufallen tut die Kellertür. – So ein Kärntner Sprichwort. So der Anfang der frühen Erzählung »Der Aufenthalt« von Paulus Hochgatterer aus dem Jahre 1990. Der Autor war damals also noch keine dreißig Jahre alt; das Studium der Psychologie und Medizin hatte der in Amstetten, Niederösterreich, Geborene längst schon abgeschlossen und lebte als Arzt und Schriftsteller in Wien.

Von Kellertüren wird noch zu reden sein. Im Sinne der Kärntner Redensart ist vorerst zu sagen, dass es auch kein Zufall ist, dass Paulus Hochgatterer heute hier ist. Der Zufall, dass wir uns kennen, ist natürlich auch keiner. Irgendwann ist es unvermeidlich, dass sich selbst in der Weltstadt Wien zwei, die lesen können und es auch tun, über den Weg laufen. In Wirklichkeit ist es dort so, wie ein anderer Autor einmal geschrieben hat, dass er in Wien die Hälfte seiner Leser persönlich kenne. Wie dem auch sein mag: Der Nicht-Zufall hat möglich gemacht, was längst fällig ist: Hochgatterer in Switzerland.

Mögen also die diesjährigen Poetikvorlesungen dazu beitragen, dass Paulus Hochgatterer auch in der Schweiz so bekannt wird, wie er anderswo schon ist, vor allem in Deutschland und in Österreich. Nicht dass er nicht auch schon hier gewesen wäre – aber merkwürdig, wie die Wege des Ruhmes und der Anerkennung nun mal sind, ist ihm hier bislang nicht jene Aufmerksamkeit geschenkt worden, die er verdient und die er – man denke nur an die vielen internationalen Preise, die er schon bekommen hat – anderswo schon genießt. Da Zürcher Poetikvorlesungen auch schon zum Nobelpreis geführt haben, scheint nichts unmöglich. In diesem Sinne möchte ich dich, lieber Paulus, herzlich zu diesen Poetikvorlesungen begrüßen und dir danken, dass du diese Strapaze auf dich genommen hast.

In seinem ersten Tagebuch schreibt Max Frisch 1948 – er ist noch keine vierzig Jahre alt – das Folgende: *Die Ausübung eines doppelten Berufes, Schriftsteller und Architekt, ist natürlich nicht immer leicht, so manche segensreiche Wirkungen er haben mag. Es ist eine Frage nicht so sehr der Zeit, aber der Kraft. Segensreich empfinde ich das tägliche Arbeiten mit Männern, die nichts mit Literatur zu schaffen haben; hin und wieder wissen sie, dass ich dichte, aber nehmen es nicht übel, sofern die andere Arbeit in Ordnung ist.* (MF, GW 2, S. 590) Seither sind mehr als sechzig Jahre vergangen und die schlichte Tatsache eines Doppelberufs in der Literatur ist wohl noch seltener und auch seltsamer geworden. Wir beide haben uns nie darüber unterhalten – aber allein bei der Durchsicht der Rezeptionsdokumente ist mir an der Wortwahl eine merkwürdige Unsicherheit aufgefallen, etwa die Rede von Hochgatterer, der in seinem »Brotberuf« Kinderpsychiater sei. Solche und ähnliche Formulierungen implizieren, dass der Nicht-Brotberuf etwas Sekundäres sei oder den Status der Liebhaberei oder Spielerei besitze. Kurzum: Auch wer an nichts mehr glaubt, glaubt an die Ausdifferenzierung und meint damit fortschrittlich zu sein. Und natürlich halte ich es auch für besser, dass nicht alle Kinderpsychiater dichten; das extrapoliere ich einfach aus der beträchtlichen Anzahl dichtender Germanisten. Umgekehrt ist auch daraus schon manches Schöne entstanden, etwa Reinhard Lettaus »Flucht vor Gästen«.

Es gilt wahrscheinlich aber auch dieses: Hochgatterer wird seinen dichtenden Kolleginnen und Kollegen immer dann verdächtig sein, wenn er ein Literaturstipendium – davon besitzt er einige – oder einen Literaturpreis – auch davon hat er nicht wenige vorzuweisen – erhalten hat. Es ist, trotz aller entgegengesetzter Rhetorik, eben nicht einfach, vielfältig zu sein. Und das gilt wohl nicht nur für die Außenwahrnehmung, sondern auch für die Selbstwahrnehmung und das Lebensgefühl des Autors.

Hochgatterers literarische Spezialität ist von seinem anderen Beruf auch nicht zu entkoppeln; das macht ihn bei den Germanisten verdächtig, weil die nicht nur auf Ausbeutung des Biografischen, im schlimmsten Fall aber sogar auf Ausbeutung des beruflichen Feldes zu Zwecken der Literatur schließen, naturgemäß bei gleichzeitiger Verabscheuung des »Biografismus«. Dem ist zu erwidern, dass Paulus Hochgatterer der Literatur der Gegenwart neue Terrains erschlossen hat und einer unberatenen Literatur ein Wissen über jugendliche Delinquenz, psychische Störungen und »Borderline«-Fälle vermittelt hat, das nicht hoch genug eingeschätzt werden kann und in jeder Hinsicht an die große Tradition der deutschen beziehungsweise österreichischen Literatur angeschlossen werden kann.

Als Kinderpsychiater ist ihm nichts Menschliches fremd, schon gar nicht die Freud'sche Beobachtung – auch wenn Hochgatterer über Psychoanalyse manch herben Spott vergossen hat –, dass wir an einem Tag mehrfach die Grenze zwischen Normalität und Wahnsinn überschreiten. Wer das an sich noch nie beobachtet hat, ist nach meiner Laienanalyse hochgradig gefährdet. Worauf ich hinauswill: Hochgatterers Texte zeichnen sich durch ein höchst differenziertes Beschreibungsrepertoire in Bereichen aus, wo aus Peinlichkeit geschwiegen wird, auch in der Literatur. Mit diesem Wissen, was Jugendliche umtreibt und was sie in die Verwahr-Anstalten der Gesellschaft bringt und wie der Alltag dort aussieht, hat sich Hochgatterer eine spezielle Domäne im Literaturbetrieb geschaffen. Das ist nicht nur ein Vorteil: Verbunden mit Marketing-Strategien wird daraus – etwa aus der Erzählung »Wildwasser« – ein Band in einer Serie von Jugendbüchern, andererseits ein »Roman« im Hauptprogramm – oder einer mit zusätzlichen Qualifikationen für den gestressten männlichen Leser (wie bei der »Kurzen Geschichte vom Fliegenfischen«). Es mag geschäftlich ein Coup sein, in der Jugendliteraturabteilung anzukommen: Allgemein konvertierbares symbolisches Kapital wird dort in aller Regel nicht erworben.

Einhellig wird gelobt, dass in seinen Texten die Not oder, um es mit einem alten Titel zu sagen: die »Krankheit der Jugend« (Ferdinand Bruckner) auf besondere Weise Prägnanz gewinnt. Es macht eine Raffinesse und zugleich eine Besonderheit nicht nur der österreichischen Literatur aus, wie Hochgatterer das Bewusstsein und die Probleme seiner vielen jugendlichen Protagonist/inn/en exponiert. Er ist ein Meister des Dialogs, eine Kunst, die im Unterschied zur britisch-amerikanischen Literatur speziell in der österreichischen schwer daniederliegt: Thomas Bernhard was here und hat ganze Arbeit verrichtet.

Paulus Hochgatterer ist insbesondere auch Spezialist für die diversen Codes, mit denen sich die Jungen ihre eigene Welt zu bauen suchen. Wer, wie ich, da nicht immer mitkommt, tut gut daran, die Schuld nicht beim Autor zu suchen, obwohl es natürlich auch nervt, dass er das alles weiß. Die je spezielle Musik, das Outfit, die Marken et cetera – Hochgatterers Prosa entwickelt eine nachgerade Stifter'sche Kompetenz, um diese Facetten der »Jugendkultur« sichtbar zu feiern. Obwohl Hochgatterer kein Adept der mittlerweile auch schon ziemlich alt aussehenden »metafiction« ist, also des ausgestellten Nachdenkens über Fiktion in der Fiktion: Seine Erzähler besitzen genügend Selbstironie, um sich selbst über die Schulter zu schauen, wie beispielsweise der Ich-Erzähler in der »Kurzen Geschichte vom Fliegenfischen«: *Ich blicke mich noch einmal nach allen Seiten um, wie es sich für einen Abbildungsneurotiker ohne Kamera gehört: der Fluss, die Sträucher, die Felswand, die Reste der Sonne hoch oben in den Bergen.* (S. 106)

Das Beispiel sollte auch zeigen, dass es in der Literatur viele Wege gibt, um zu bedeuten, dass man weiß, was man tut.

Nach dem Doppelberuf, nach der Hochgatterer'schen Qualität, die Welt der Jugendlichen zu exponieren und sie zugleich zu reflektieren, ohne steifleinen zu werden, wie man in Österreich sagen würde, möchte ich abschließend noch seinen letzten Roman »Das Matratzenhaus« erwähnen, der in seinem Werk mit den Hauptfiguren des Psychiaters Horn und des Polizisten Kovacs schon einen Vorläufer hat: »Die Süße des Lebens«.

Zusammen mit diesem gehört »Das Matratzenhaus« dem Genre des Kriminalromans an, ohne indessen alle Gattungsregeln panisch erfüllen zu wollen. Klugerweise weiß er jedenfalls deren Vorzüge bestens zu nützen, die da sind: Aktualität und Antizipation gesellschaftlicher Vorgänge. Wie »Die Süße des Lebens« exponiert der bislang letzte Roman gegenwärtige Durchschnittlichkeit und deren Montrosität am Beispiel der österreichischen Kleinstadt Furth am See, die nur auf den ersten Blick der heilen Postkartenwelt gleicht, auch wenn viel getan wird, die Haarrisse dieser Kommune hinter blitzend glatter Oberfläche und entsprechender Freizeitkultur zu verbergen. Der Blick auf diese Welt ist polyperspektivisch, was den Leser manchmal rätseln lässt, wer gerade spricht. Hochgatterer arbeitet überhaupt gerne mit Verrätselungsstrategien, ohne indes dem Arkanen zu huldigen. Obwohl die Perspektivik nicht nur auf zwei Figuren beschränkt bleibt, bekommen die Einsichten des Psychiaters Raffael Horn und des Kriminalkommissars Ludwig Kovacs das deutlichste Profil, wobei jedoch beide entschieden von den Superhelden, die dieses Genre hervorgebracht hat, abgerückt werden. Beide haben auch ein gesundes Misstrauen gegen das Metier des anderen und beide entdecken an sich Spuren jener Übel, denen sie beruflich nachzugehen haben, sei es in der Ursachenforschung oder in der Ermittlung verübter Gewalttaten. Gewalt, vor allem gegen Kinder, ist allgegenwärtig, angefangen von verbaler Gewalt bis hin zum Missbrauch. Die Aufdeckung des Kinderpornorings gelingt denn auch nicht vor Ort, sondern dank internationaler Fahndungsmethoden. Die Kleinstadt ist vielfach mit der Welt verbunden, der lokale Täter ein vergleichsweise kleiner Fisch, aber dennoch in internationale kriminelle Netze verstrickt. Das kleinstädtische Vollglück gibt es nicht einmal in der Beschränktheit, um Jean Pauls Idyllendefinition persiflierend abzuwandeln.

Es ist ein besonderer Zug in und an diesem Roman, und der betrifft das Verhalten der Opfer. Das Motto, das diesem Roman voransteht, stammt aus Drydens »Alexander's Feast«, und in mehrfacher Wiederholung kündet es von Rache (»revenge, revenge«) – und nebenbei gesagt, verbindet dieses Motto den Roman mit Hochgatterers 2002 erstmals erschienenem Roman »Über Raben«, wo eine Schülerin, Spezialistin für Satz-Analysen, genau diesen Text aus dem Englischen zu übersetzen sucht.

Im »Matratzenhaus« spukt die Rache der Opfer herum; gerade das ist aber in der Wirklichkeit selten der Fall, wie Hochgatterer in einem Interview konstatiert hat, der im Rachegefühl

einen Emanzipationsschritt des Opfers gegenüber dem Täter sieht. Selten findet sich das auch in der Literatur.
Und damit wären wir bei den realen wie fiktiven Kellertüren, die in der österreichischen Literatur von Stifter bis Bernhard, von Freud bis Canetti, von Kraus bis Jelinek Blicke ins Grauen offenbaren. Die »dunkle Geschichte«, als die sich Stifters »Turmalin« ankündigt, ist eine Spezialität der Literatur, die dem Verdrängten, dem Unterirdischen und der Nachtseite der menschlichen Natur auf der Spur ist. Die österreichische Wirklichkeit hat dafür gesorgt, dass, mit Karl Kraus zu sprechen, noch die grellsten Erfindungen Zitate sind. Paulus Hochgatterers doppelte Kompetenz, die literarische wie die psychiatrische, ist also mehr denn je gesucht und gefragt.

Karl Wagner, geboren 1950 in Steyr. Studium der Anglistik und Germanistik. Seit 1976 Assistent, Dozent und a.o. Professor in Wien; seit 2003 Professor für Neuere deutsche Literatur an der Universität Zürich. Zahlreiche Editionen (u. a. P. Rosegger, R. Walser) und Publikationen zur Literatur des 19. und 20. Jahrhunderts; zuletzt u. a.: *Weiter im Blues. Studien und Texte zu Peter Handke* (2010), *Medien, Technik, Wissenschaft. Wissensübertragung bei Robert Musil und in seiner Zeit* (2011).

Katzen – auf die Sprache kommen, zur Sprache kommen

Da ich so gar nicht weiß, wie die Schweizer funktionieren, überhaupt und in ihrer Beziehung zu Kindern im Besonderen, traue ich mich hier und heute noch weniger als sonst zu tun, wonach mir zunehmend ist, wenn ich aufgerufen bin, über Kinder zu reden, nämlich erst zu sagen: Kümmert euch um sie und lasst sie dann in Ruhe, und unmittelbar danach aufzustehen und das Weite zu suchen. Das wäre angesichts der paradoxiebedingten Verwirrung, angesichts der Einsamkeit und der affektiven Turbulenzen, in die Sie augenblicklich verfallen würden, erstens höchst ungehörig, und zweitens würde mich mein Sohn, gegenwärtig wohl der Hauptkommentator meiner Handlungen, zu Hause hämisch daran erinnern, dass ich selbst mich zuerst zu wenig um ihn gekümmert und ihn dann nicht mehr in Ruhe gelassen habe. Am Ende würde er mich mit dem Vokabel bedenken, das er in letzter Zeit am liebsten zur verbalen Insultierung meiner Person verwendet. »Du Eskapist«, würde er sagen, mit jener Herablassung, zu der nur Söhne ihren Vätern gegenüber imstande sind; die Damen im Auditorium mögen mir verzeihen.

Da ich Peter von Matt gegoogelt habe und daher zu wissen meine, dass er sich mit einer Schrift über Franz Grillparzer habilitiert hat, da ich ferner von Karl Wagner weiß, dass er es seit inzwischen acht Jahren ganz gut in Zürich aushält, so gut – das allerdings meine ich wiederum nur zu wissen –, dass er sich um die Nachfolge von Wendelin Schmidt-Dengler in Wien erst gar nicht beworben hat, da ich also eine gewisse wohlwollende Ver-

ankerung des Österreichischen hierorts annehme, fahre ich ein paar Sätze lang fort mit dem, worin österreichische Autoren manchmal so richtig gut sind, mit der Selbstdenunziation.
Ja, ich besitze selbst Katzen, zwei Stück. Und das, obwohl oder vermutlich besser: weil ich eine vollkommen haustierfreie Kindheit hinter mir habe. Es sind zwei Katzenmädchen – was inzwischen auch in Ordnung ist. Neuerlich eine Bitte um Vergebung an die Damen und nachgereicht gleich die Erklärung: Mein Kater Pumuckl, rot-weißes Prachttier, Inkarnation der Gelassenheit, Tröster im Elend, Supervisor, Krisencoach und Hüter meines Schlafes über beinahe eineinhalb Jahrzehnte hinweg, »Gott«, wie ihn mein Sohn zu nennen pflegte, mein Kater also, der einfältige Gott, der mich, während er breit auf meiner Brust lag, die Unsinnigkeit der Frage »Kinderpsychiatrie oder Literatur?« lehrte, der mich lehrte, dass man sich nicht immer entscheiden muss, sondern im Leben ganz bequem zwei sein kann, Apoll und Dionysos, Bach und Beethoven, Verdi und Wagner, Plato und Diogenes, Janis Joplin und Elfriede Jelinek, Bob Dylan und Leonard Cohen, Karl Kraus und Karl May, dieser Kater also starb ganz unspektakulär an einer Sache, an der Katzen häufig zu sterben pflegen, an Niereninsuffizienz. Nach einer gebührenden Trauerzeit sollte er einen Nachfolger und Mimi, die junge – ebenfalls rot-weiße – Katzenwitwe, einen neuen Gefährten kriegen. Meine Frau, die in solchen Sachen sehr initiativ sein kann, fuhr nach Simmering, in einen Arbeiterbezirk in Wien, in dem auch heute noch Menschen leben, die sich in größerem Umfang um Katzen kümmern, und kam – auftragsgemäß – mit einem wenige Wochen alten proletarisch grau getigerten Etwas zurück, das in eine hohle Hand passte, geimpft, entwurmt, unglaublich entzückend und veterinärmedizinisch zertifiziertermaßen ein Bub war. Er wurde

Petzi genannt. Da Sie, meine Damen und Herren, die weitere Geschichte ohnehin ahnen, hier eine Kürzestfassung: ein paar Wochen später Auffrischungsimpfung durch unseren Haustierarzt; schiere Zufriedenheit seinerseits (»Ein ganz und gar gesundes Tier«); am Ende erstaunt geweitete Pupillen: »Aber ein Bub ist das nicht.«
Die kleine proletarisch grau getigerte Katzendame heißt also Petzi, ich habe unter den missbilligenden Blicken meiner Frau ein wenig versucht, sie zum Kater zu erziehen, und sie, Petzi, ist klug genug, mir manchmal das Gefühl zu geben, dass es funktioniert hat. Sie ist ebenfalls beides, Apoll und Dionysos, Bach und Beethoven; sie verkriecht sich unter dem Teppich wie Diogenes in seiner Tonne; dort denkt sie dann über das Elend des Gemeinwesens nach wie einst Plato. Sie ist allerdings ganz eindeutig eher Janis Joplin als Elfriede Jelinek.

Parenthese 1:
Ich spreche mit meinen Katzen, und, was mir privatpoetologisch wichtig ist: Wenn ich mit meinen Katzen spreche, sprechen sie zu mir in meinen Worten.
Ich spreche über Kinder, immer wieder, auch hier und heute, und, was mir privatpoetologisch noch wichtiger ist: Wenn ich über Kinder spreche, gerät mir die Sprache zur Katze; sie schnurrt, sie schmeichelt, sie rollt sich ein, sie kratzt, sie buckelt und streckt dabei ihre Zunge raus.
Sie merken, ich versuche die Kurve zu kriegen und auf Kurs zu kommen. Um Kinder soll es gehen, um Sprache, und die Katzen sollen Vehikel sein, eingangs zumindest; daher muss es wohl auch um Metaphorik gehen, um Para- und Subtext, das heißt, um die Frage: Wovon sprechen wir noch, wenn wir von den Dingen sprechen? Wovon sprechen wir außerdem? Zusätzlich?

Wir sprechen zum Beispiel von sozialhistorischen Gegebenheiten, Arbeiterbezirken, von persönlicher Geschichte, verstorbenen Herzenskatern, und von Sprache, wenn wir von Katzen reden; – das wird zumindest hier behauptet. Und sonst? – Zwei Antworten sind schon angeklungen, en passant, zwei Antworten, die programmatisch nicht ohne Bedeutung sind für diese Vorlesungen und damit für Sie, die Sie sich möglicherweise drei Abende lang mir aussetzen wollen. Erstens: Wir sprechen immer von uns selbst, wenn wir von den Dingen sprechen. Zweitens: Wir sprechen immer von den Mehreren, die wir sind. Als Drohung formuliert: Ich werde Sie an den folgenden Abenden mit mir behelligen und ich werde, wenn ich von mir spreche, immer von der Gemengelage sprechen, die mich ausmacht. Derartig banale Frechheit verlangt Legitimation, links und rechts, damit man gut abgestützt ist. Links vielleicht Sigmund Freud in seiner Lebensspannung zwischen neurologischem Anspruch, hermeneutischer Praxis, sprachlichem Genie und dem letztlich in beeindruckender Kongruenz zum Lehrgebäude erstarrten Konglomerat von theoretischem Konstrukt und schierer Autobiografie. Rechts vielleicht Sokrates, der, Sohn von Sophronikos, dem Bildhauer, und Phainarete, der Hebamme, das eine Mal auf der Suche nach dem klarsten aller Gedanken einen Tag lang skulpturengleich auf dem Areopag verharrt, das andere Mal barfuß im Sand hockt und die hoffnungsvollen Philosophiestudenten mit der ständigen Lehrer-Schüler-Rollenumkehr und überhaupt seiner mäeutischen Fragerei zur Verzweiflung treibt; Sokrates, der jedenfalls, so oder so, immer beides in einem tut: auf dem Weg zur Erkenntnis sein und dabei Sokrates bleiben, klein, nicht ganz hübsch, Sohn eines Bildhauers und einer Hebamme.

Apropos Hebamme und ihre Kunst, apropos Mäeutik. Die Kurve kriegen war das Stichwort, zur Sprache kommen ist unser Thema und das Schreiben über Kinder das Programm.
Schreiben ist immer beides, Sprache haben und zur Sprache kommen. Über einen Vater zu schreiben heißt, den einen Vater, der in einem samt seiner Sprache vorhanden ist, aufzusuchen und dingfest zu machen und den anderen, der da eventuell noch nicht ist, auszuforschen und sich von seiner Sprache erfüllen zu lassen. Über einen Psychiater zu schreiben heißt für einen schreibenden Psychiater in erster Linie, den Begriffsmotor zu ölen, der da sowieso in ihm läuft. Nur über einen schreibenden Psychiater zu schreiben wäre aus dieser Position noch langweiliger. Über, sagen wir, einen alkoholabstinenten Polizisten zu schreiben, eine junge Lehrerin oder einen Benediktinerpater, deren Sprachen man als schreibender, männlicher, Whisky trinkender Psychiater kaum zur Verfügung hat, von deren Sprachen man sich finden lassen muss, hat mit geburtshilflicher Müh und Plag zu tun, ist aber wesentlich spannender. Über ein Kind zu schreiben, heißt schließlich nicht nur, auf die Sprache der Kinder zurückzukommen, sondern immer auch, sich an den Ursprung der eigenen Sprache heranzuschreiben. Das ist am aufregendsten.
Ursprung, wollte ich an dieser Stelle sagen, Mäeutik, poetologische Hebammenkunst, und über Geburt reden, metaphorisch wie buchstäblich. Jetzt tue ich es auch, aus Gründen der metaphorologischen Aktualität bloß auf einem kleinen Umweg.

Parenthese 2:
Vorneweg etwas Wichtiges: Wie tritt man zu einem Kind in Beziehung? In Wahrheit ist das nicht allzu schwierig, denn Kinder

interessieren sich für andere Menschen. Man setzt sich zum Beispiel neben es, nicht zu nahe, und stellt ihm jene Frage, die nicht nur nach wie vor funktioniert, sondern von der wir Schreibende nach wie vor abhängig sind wie von sonst gar nichts, – trotz iPad, Facebook und Twitter: Soll ich dir etwas erzählen?
(Was hier und jetzt gerade stattfindet, ist übrigens nichts anderes als eine kleine hübsche Mehrfachnegations-Paraphrase auf diese Figur. Ich habe Sie, verehrtes Auditorium, zu Beginn nicht gefragt: »Soll ich Ihnen etwas erzählen?«, und Sie hätten sich, hätte ich Sie gefragt, garantiert nicht getraut, darauf »Nein!« zu sagen.)
Soll ich dir etwas erzählen?
Man stellt die Frage, die sich da angepirscht hat, deren poetologische Bedeutung man noch nicht ahnt. Das Kind wird, weil Kinder heutzutage klug und vor aufdringlichen Erwachsenen gewarnt sind, skeptisch rückfragen: Was? Was willst du mir erzählen?, und man selbst wird, weil Erwachsene heutzutage auf den Umgang mit skeptischen Kindern mithilfe einer nicht mehr zu überblickenden Fülle an Ratgeberliteratur systematisch vorbereitet werden, entweder etwas gemeinsames Vertrautes nennen, das durch eine unausgesprochene Wohlgefühlsübereinkunft die Beziehungsbrücke schlägt, felltragende Haustiere zum Beispiel, Hunde, Katzen oder Goldhamster, oder aber etwas Überraschendes, Exotisches, das dasselbe durch eine unausgesprochene wissenschaftliche Interessensübereinkunft tut, Hirschkäfer zum Beispiel, kleine Knallkörperexperimente oder ferne Länder. Man sagt also:
Katzen, ich könnte dir von meinen Katzen erzählen. Oder: Südamerika, weißt du, wo Südamerika liegt? Ich könnte dir von Südamerika erzählen. Dort gibt es ein Land, das heißt Chile.

Chile. Metaphorologische Aktualität. Mäeutik.
Katzen kriegen üblicherweise vier bis sechs Junge, maximal acht, ganz selten mehr. Menschen kriegen in der Regel ein Junges, maximal zwei, ganz selten mehr. Wenn chilenische Berge kreißen, stoßen sie bis zu 33 Junge aus, das wissen wir seit ein paar Wochen. Nach einer Schwangerschaft, die zwar manchmal kürzer ist als geplant, treten dieselben dann in schöner Regelmäßigkeit an den Tag, jede Stunde eins, und präsentieren sich zur großen Beruhigung der Welt so, wie sich Neugeborene zu präsentieren pflegen: blass und blinzelnd, voll von Schmiere und leicht deformiert nach der Fahrt durch den mehrere hundert Meter langen Geburtskanal. Manche schreien gleich, manche brauchen eine Weile, manche legen sich an die Brust der Mutter, manche an die des Staatspräsidenten. Dass einige der 33linge intrauterin Briefe geschrieben haben, Tagebücher und Gedichte, dass andere täglich kilometerweit im Kreis gelaufen sind, dass manche in ihrer Verzweiflung Heiratsversprechen abgegeben haben und manche bloß deprimiert waren, ist bemerkenswert, andererseits dennoch nur Dekoration. Von zentralem Interesse ist die Tatsache, dass sie geboren wurden, erneut und vor den Augen der Welt.
Die Dynamik hinter diesem Interesse ist bekannt, vielfach beschrieben und meiner Ansicht nach am kurzweiligsten nachzulesen bei Odo Marquard, dem Gießener Philosophie-Emeritus und Transzendentalbelletristen, wie er sich selbst nennt, und bei Hartmut Rosa, dem fulminanten Jenaer Akzelerationstheoretiker.
In Zeiten exponentieller Veränderungsbeschleunigung, unter Bedingungen des Bedeutungsschwundes der Primärerfahrungen des Einzelnen, unter Bedingungen des Verlorengehens der eigenen Biografie, des Vertrautheitsverlustes und der Welt-

fremdheit, unter Bedingungen also, die unser Leben vor der Hintergrundfolie des Nicht-mehr-erwachsen-Werdens ablaufen lassen, rückt das, als was wir alle uns fühlen, in den Fokus des allgemeinen Interesses, das Kind. Unter anderem kennen Sie vermutlich Folgendes: Was früher privates Pech war, ist plötzlich nationales Unglück; Notstände werden ausgerufen, Länder tragen Trauer. Ich spreche von der per PISA-Studie fest und vergleichbar gemachten intellektuellen Leistungsfähigkeit des je Nation prototypischen Kindes. Sogar bei uns in Österreich, wo nicht leicht etwas wirklich schlimm ist, beginnen die Abwehrmechanismen zu versagen. Die Koreaner – gut, die sind weit weg; außerdem weiß man ja, wie die Asiaten ihre Kinder drillen. Die Finnen – okay, die bringen sich dafür öfter um (was im Übrigen längst nicht mehr stimmt). Aber dass die Deutschen besser sind als wir – das geht gar nicht. (Dass uns die Schweizer in die Pfanne hauen, macht nichts, schließlich wird der Erfolg österreichischer Elitegymnasien daran gemessen, ein wie hoher Prozentsatz der Absolventen an Schweizer Universitäten studiert, an der ETH Zürich zum Beispiel oder in Sankt Gallen.) Nein, wir tun diese Lächerlichkeiten bitte gleich wieder beiseite.

In einer Situation, in der wir alle nicht mehr erwachsen werden, wird das Kind aus zwei Blickwinkeln interessant: Erstens als das Wesen, das uns hinsichtlich Akzelerationsadaption in die Tasche steckt wie nur was, mit anderen Worten: als der Kollege mit immer schon der schnelleren Auffassungsgabe, immer schon der höheren Multitasking-Kompetenz und immer schon dem flinkeren Finger auf der Handy-Tastatur. Zweitens, und das findet seine Erklärung zum Teil zumindest im Ersten, als Projektionsfläche für all die unerfüllten Sehnsüchte, angestauten Aggressionen und abgewehrten sonstigen Affekte, die aus unserem protrahierten Nicht-Ankommen und Weltfremd-Bleiben resultieren. Wir sprechen von den kleinen Tyrannen und tyrannisieren uns in Wahrheit konsequent gegenseitig; wir, die wir unsere Aufmerksamkeit längst nicht mehr bündeln können, schon gar nicht auf unsere Kinder, überschlagen uns bei ihnen in der Diagnose von Aufmerksamkeitsdefizitsyndromen; wir sehen reihenweise jugendliche Serienmörder heranwachsen und können uns selbst kaum noch halten vor Wut.

In dieser Situation des Weltverlustes, des existenziellen Zugversäumens, tauchen, gewissermaßen nebenbei, in zunehmender Dichte die imaginären Zielpunkte der rückwärtsgewandten Entwicklung von uns Nicht-mehr-Erwachsenen auf, die Gebärmütter, die Graviditätshöhlen, aus denen wir im Sinn einer zweiten Chance, nach einer zweiten Fetalzeit, in eine neue, bessere Welt hineingeboren werden könnten. Plötzlich befasst man sich – das eine Mal symbolisch – mit den Kellern und Verliesen unter Schulinternaten und Benediktinerabteien, – das andere Mal konkret – mit jenen unter niederösterreichischen Einfamilienhäusern und scheint, unter ständiger Verschüttungs-Vorahnung, alle Mineure dieser Welt in ihre Bergwerke begleiten zu wollen. In Österreich gibt es kaum noch Bergbau; in der Schweiz ist es nicht viel anders, glaube ich. In beiden Ländern gräbt man Tunnel, immerhin, lange, längere, weltlängste, verlegt Öffentlichkeit unter Tage, um sie – buchstäblich auf der anderen Scite – ständigem Geborenwerden zuzuführen. In einem Winkel der Schweiz (in Österreich würde man das laut PISA-Studie vermutlich nie schaffen) baut man den Schoß der Welt um zu einer gewaltigen zykloiden Befruchtungs- und Gebärmaschine, in der man Elementarspermien und -eizellen aufeinanderprallen lässt, in der Hoffnung auf die ultimative (Higgs'sche) Neugeburt, die alle weiteren überflüssig macht. Parallel dazu schlägt man in den USA, tief unter der Mojave-Wüste zum Beispiel, Höhlen in den Berg und verkauft den Platz im Bunker um 50 000 Dollar. Das Projekt wird unter dem Titel »The Second Genesis« beworben – »Neuschöpfung«: Jedem sein kleiner apokalypseresistenter Sekundäruterus – für den Fall, dass der Russe sich doch als der Böse erweist, oder dort drüben beim Schweizer, der uns in seiner ostentativen Nichtparteinahme in Wahrheit immer schon ein wenig suspekt war, am Ende ein bisschen was schiefgeht.

Ursprung, wollte ich sagen, Mäeutik, poetologische Hebammenkunst, und bin mit Ihnen auf dem angekündigten metaphorologischen Umweg dort gelandet, wo man sich aufzuhalten hat, wenn es ums Geborenwerden geht, in der pränatalen Finsternis.

Apropos Geborenwerden, konkret und vor allem. Apropos Finsternis, historisch und ein bisschen.

Meine erste Geburt erlebte ich Ende Juni 1983 im Krankenhaus Allentsteig. Allentsteig ist ein verschlafenes Städtchen im niederösterreichischen Waldviertel, zweitausend Einwohner, nicht einmal Bezirksstadt, das einen wesentlichen Teil seines Wirtschaftsaufkommens, jedenfalls jedoch die Existenz seines Krankenhauses der Tatsache verdankt, dass sich Adolf Hitler im Jahr 1938 veranlasst sah, jenen Ort, aus dem sein Vater stammte, Döllersheim, samt Umland, von der Landkarte zu tilgen. Rund um Döllersheim, das etwa fünfzehn Kilometer südlich von Allentsteig lag, wurde einer der größten Truppenübungsplätze Europas errichtet, zweihundert Quadratkilometer in seiner Ausdehnung. Die Bewohner Döllersheims und der Dörfer ringsum wurden ausgesiedelt, also vertrieben, Landschaft und Gebäude der militärischen Behandlung, also Zerstörung, zugeführt. Allentsteig, am nördlichen Rand des Truppenübungsplatzes, blieb bestehen und wurde zur Garnisonsstadt. Hitler ging, die deutsche Wehrmacht auch, der Truppenübungsplatz blieb. Zehn Jahre lang, während der Besatzungszeit, schossen die Russen auf ihm herum, 1955 übernahm diese Aufgabe das österreichische Bundesheer. Wer Waffenbestückung und Schlagkraft der österreichischen Streitkräfte kennt, wird verstehen, dass sich das Profil des Truppenübungsplatzes Allentsteig sehr rasch von einem Ort höchster vitaler Gefährdung für sämtliche sich dort aufhaltende Lebewesen in Richtung Naturschutzgebiet wandelte. Wäre ich heute zum Beispiel ein aus Tschechien oder Polen nach Österreich eingewanderter Luchs oder Wolf, würde ich mich aus Gründen der persönlichen Sicherheit und des lieben Friedens unbedingt dort niederlassen. Übrigens sollen auch schon Elche gesichtet worden sein. Die Aussicht auf Idylle trug mit Sicherheit dazu bei, dass ich mich damals, 1983, veranlasst sah, sämtliche Pflichtfamulaturen, also die klinischen Praktika, meines Studiums en bloc in diesem kleinsten Krankenhaus Ostösterreichs (mit zweistelliger Bettenzahl!) abzuleisten. Ich wurde nicht enttäuscht. Ich nahm Blut ab, nähte Wunden, legte Gipse an, und dank eines sehr entgegenkommenden chirurgischen Oberarztes bin ich heute wohl der einzige österreichische Kinderpsychiater, der jemals einen Blinddarm operiert hat. Vielleicht ein Drittel der Dinge, die anfielen, hatte mit den Soldaten des Truppenübungsplatzes zu tun: Knochenbrüche, Rissquetschwunden, Alkoholüberdosierungen; ab und zu eben eine Blinddarmentzündung. Ob es sich mit der Geburt, von der ich jetzt kurz reden möchte, auch so verhielt, weiß ich nicht mehr.

Die Frau war klein und rotblond, daran erinnere ich mich; sie kam mit Wehen, die schon einige Zeit dauerten. Der Oberarzt legte ihr erst die Hände auf den Bauch, oben, unten, links und rechts, dann den Schallkopf des Sonografiegerätes, zog ein bekümmertes Gesicht und sagte: »Es liegt quer.« Manchmal fängt oppositionelles Verhalten sehr früh an, denkt man als Kinderpsychiater, und als Mensch mit einer skeptischen Weltsicht denkt man vielleicht, dass man nicht früh genug damit beginnen kann, sich querzulegen. Egal, aus einem rein geburtshilflichen Blickwinkel war das eine Hochrisikokonstellation, und als Oberarzt und Hebamme trotz heftigster Manipulationen keine Wendung des Kindes und damit der Lage zustande brachten, rief man den Anästhesisten und die OP-Schwester.

Ich habe den Moment noch genau in Erinnerung, als der Oberarzt mit beiden Händen in die geöffnete Frau greift, dabei konzentriert an die Wand hinter mir starrt, mich plötzlich für eine Sekunde anblickt, mit Schwung das Kind herauszieht und es mir auf die Arme legt. Er sagt dabei ein einziges Wort: »Da.« Ich sehe, dass es ein Mädchen ist und dunkle Haare auf dem Kopf hat, und mir schießen mit einer Vehemenz die Tränen in die Augen, auf die ich nicht im Mindesten vorbereitet bin.

Natürlich muss es so gewesen sein, dass mir gleich danach die Hebamme das Kind abnahm, um es zu versorgen und abzunabeln, natürlich muss die Kleine dann auch geschrien haben und natürlich assistierte ich der Sache bis zum Ende, trotz meiner Tränen – Plazentalösung, Uterusnaht, Wundverschluss; ich weiß davon freilich nichts mehr. In Erinnerung geblieben sind mir jene Sekunden, in denen das Mädchen auf meinen Armen lag, jener Augenblick, in dem die pure, stille Körperlichkeit des Kindes – kein Luftholen, kein Laut, kein Affekt – auf die Welt traf, genauer, auf einen völlig unvorbereiteten Medizinstudenten, der heute, 27 Jahre später, davon erzählt und dieser Szene, die er zum Ausgangspunkt einer kleinen ontologisch-poetologischen Systematik macht, einen Satz zuordnet, den er die »erste poetologische Grundfigur« nennt:

Ein Kind ist da.

Das Kind war da, und Geschichten wollen zu Ende erzählt werden. Der Oberarzt ließ aus dem nahen Wirtshaus reichlich Bier und Würstchen heranschaffen, die man dann im Vorraum des OPs verzehrte. Es war nämlich sein erster Kaiserschnitt gewesen; das hatte er vorher wohlweislich niemandem gesagt. Über mein Heulen sprach keiner. Die Hebamme begegnete mir nach diesem Ereignis mit auffallend mütterlicher Freundlichkeit, und ich denke, das war mir ganz recht. Was aus dem Mädchen geworden ist, weiß ich nicht. Die Wahrscheinlichkeit, dass es heute mit einem Offizier des österreichischen Bundesheeres verheiratet ist, ist jedenfalls mit Sicherheit höher als in anderen Gegenden unseres Landes.
Ein Kind ist da.
Dieser Satz umreißt die seltsame Eintrittsverfassung ins Leben, die nach dessen Endlichkeit wohl das zweitgrößte Skandalon unserer Existenz darstellt. Wir kommen an und sind nicht nur nicht in der Lage, über unsere Ankunft nachzudenken, sie in Begriffe zu fassen und zu kommentieren, sondern wir erinnern uns nicht einmal an sie. Bildhaft, szenisch, kategorial finden wir nichts aus unseren ersten eineinhalb bis zwei Lebensjahren, das wir abrufen, betrachten oder wiederformulieren, geschweige denn selbstsicher den anderen präsentieren könnten: Da, schaut her, so war es! Nein, wir – da spreche ich von mei-

ner Generation – sind angewiesen auf Fotoalben und Notizen unserer Eltern, angewiesen auf – da spreche ich nicht mehr von meiner Generation – digitales Material, Szenen, Bilder, Töne, auf Datenträgern und im Netz, und vor allem – und diesbezüglich glaube ich generationsunabhängig zu sprechen – angewiesen auf die Erzählung. Die sentimentale Geburtstagsrede der Mutter: »Es war ein wunderschöner Frühsommertag, dein Vater zog auf der Baustelle unseres Hauses gerade eine Zwischenwand hoch, da spürte ich das erste Ziehen im Bauch« oder: »Du hattest einen schiefen Kopf, Flaum an den Wangen und etwas wie Schwimmhäute zwischen den Fingern, aber für mich warst du das schönste Baby der Welt«, die sentimentale Geburtstagsrede der Mutter fühlt sich natürlich deswegen so unangenehm an, weil wir, erstens, nicht überprüfen können, was sie sagt, und weil daher, zweitens, der dringende Verdacht besteht, dass es wahr sein könnte. Im Kern ist es uns aber vor allem deswegen nur eingeschränkt angenehm, weil wir wissen, dass es das Einzige ist, was wir haben, die Rede der Mutter und ihre Erinnerung. Meine eigene Mutter kombiniert übrigens in der Regel die beiden obengenannten Musterbeispiele, Vater auf der Baustelle und ich mit Schwimmhäuten zwischen den Fingern, aber das haben Sie ohnehin geahnt, denke ich.

Ein Kind ist da. Diese Formel eröffnet die ersten Lebensjahre, einen Raum, der vor allem dadurch gekennzeichnet ist, dass er gefüllt werden möchte: visuell, auditiv, taktil, alimentär, motorisch, emotional, semantisch, sozial und, wie uns soeben klar zu werden beginnt, vor allem narrativ, also poetisch.

Ein Kind ist da und hat noch keine Sprache.

Ein Kind ist da und kann sich nicht erinnern.

Es gibt manchmal so etwas wie logische Zwangslagen des Erzählens, narrative Notwendigkeiten, wie ich alliterationsaffiner Neurotiker es nennen möchte. Von Dingen, Umständen, Menschen zu erzählen, die nicht selbst von sich erzählen können, ist etwas von dieser Art. Konkreter: Über Kinder zu schreiben, die noch keine Sprache besitzen, über Kinder zu schreiben, die sich noch nicht erinnern können, folgt einer narrativen Notwendigkeit. Davon ist hier die Rede.

Der Weg des Kindes zur Sprache, zur Erinnerung und letztlich zur eigenen Erzählkompetenz (in dieser Reihenfolge) ist neurologisch ein Weg der cerebralen Reifung und Differenzierung, psychologisch ein Weg der rasanten Erweiterung von Wahrnehmungsfähigkeit und Handlungsspielräumen und psychoanalytisch ein Weg zu Affektintegration und Beziehungskonstanz. Poetologisch ist er in erster Linie ein Weg, der aus einer Abfolge von eindringlichen Szenen besteht, die Sie in Wahrheit alle kennen, ein wenig zumindest. Entlang dieser Szenen könnte man die erste poetologische Grundfigur, *Ein Kind ist da*, in kleinere Elemente interpunktieren, wie einen Film. Zum Beispiel:
Ein Kind trinkt. Ein Kind läuft. Ein Kind schläft.
Man könnte beschreiben, was da zwischen der fütternden Mutter und dem Kleinkind – außer der Verfrachtung gehaltvoller Flüssigkeit von einem Behältnis ins andere – passiert: das Hin- und Herblitzen von Signalen, die gegenseitige Regulation von Gefühlen, das Implantieren von begrifflichen Grundstrukturen im Kind. All das haben übrigens nicht die Baby-Watcher des unmittelbar zurückliegenden Jahrzehnts herausgefunden, sondern schon viel früher Jean Piaget, Schweizer Urvater der Entwicklungspsychologie, und – die nationale Balance muss gewahrt bleiben – René Spitz, Wiener Kinderarzt und Psycho-

analytiker. Letzterer leitet zum Beispiel auf höchst überzeugende Weise die Entstehung des »Nein« aus der Kopfbewegung des Kindes her, wenn dasselbe satt ist und die Mutterbrust nicht mehr haben will.

Man könnte jenen Moment beschreiben, in dem das Kind mehr oder minder irrtümlich die elterliche Hand loslässt, plötzlich auf zwei Beinen mitten im Raum steht, mehrere Erkenntnisse gleichzeitig zu haben scheint: »Ich kann stehen. Ich habe keine Ahnung, ob ich auch gehen kann. Wenn man nicht achtgibt, lassen einen diese Schufte also tatsächlich allein …«, und dann entweder zwei Schritte vorwärts macht oder sich gleich auf den Po fallen lässt. Man könnte beschreiben, wie die zunehmend sichere Lokomotorik zur – im Wortsinn – Inangriffnahme der Dinge durch das Kind führt, wie es im Laufen exploriert, forscht und mithilfe physischer Bemächtigung Begriffskerne bildet, wie es schließlich immer wieder zu Situationen von Überschwang und Weltumarmung findet, Situationen des reinen Glücks, wenn man es so pathetisch sagen will.

Man könnte am Ende zurückkehren zum Körper, zum Kreatürlichen, zur Beschreibung des Schlafes, also eines Zustandes, in dem das Kind keine Nahrung zu sich nimmt, nicht direkt kommuniziert, sich nicht aktiv fortbewegt, mit der Welt offenbar im Frieden ist und sie zugleich zu vergessen scheint. Mitnichten, sagt der Neurologe, im Schlaf passiert das Allerwichtigste; das eben erst Angelegte findet seine Position und stabilisiert sich; außerdem träumt das Kind. Mag sein. Da das Kind aus Gründen des nach wie vor bestehenden Sprach- und Erinnerungsdefizites keine Auskunft geben kann, ist die Behauptung des Neurologen nicht falsifizierbar. Ein Kind schläft. Das ist jedenfalls klar. Allgemeiner, grundsätzlicher: Ein Kind ist da. Aus poetologischer Sicht reicht das fürs Erste. Uns reicht es noch nicht. Wir wollen zur Sprache kommen.

Da mir hier und jetzt, wie immer bei derlei Anlässen, mehr Frauen zuhören als Männer, erfolgt die Überleitung zum letzten Abschnitt meiner heutigen poetologischen Selbsterforschung mit aller gebotenen Vorsicht. Frauen lieben Literatur, Männer lieben schnelle Autos, das kennt man; Frauen weinen leicht, Männer betrinken sich, Frauen kriegen Kinder, Männer kriegen Prostatahypertrophie. Es gibt Geschlechterstereotypien und es gibt (abgesehen von zahlenmäßig kaum ins Gewicht fallenden Zwischenphänomenen) zwei Geschlechter. Männer graben Tunnels oder zumindest die Gärten um, Frauen reden. Ob diese statistisch leicht zu untermauernde Hypothese Ersterem, also dem Existieren eines Gender-Stereotyps, oder Zweiterem, der sich als Muskelmasse männlicher- beziehungsweise Ausprägung neokortikaler Sprachzentren weiblicherseits manifestierenden Biologie, geschuldet werden darf, ist hier nicht zu entscheiden. In Bezug auf den stimulierenden Umgang mit Kindern ist die Sache jedenfalls bestens erforscht. Mütter verhalten sich eher affektiv und verbal, Väter eher motorisch stimulierend, das heißt, Mütter spiegeln die Emotionen ihrer kleinen Kinder, plaudern sie, die Kinder, an und singen ihnen Lieder vor, Väter werfen sie erst in die Luft und gehen später mit ihnen Rad fahren. Der Schluss, dass aus vorwiegend mutterexponierten Kindern am Ende rollstuhlfahrende Psychotherapeuten oder Schriftsteller werden und aus vorwiegend väterexponierten Kindern mutistische Triathleten oder Langstreckenläufer, ist falsch. Kinder lernen laufen, wenn man sie lässt, das heißt, wenn man sie nicht irgendwo festbindet oder in Käfige sperrt. Genauso lernen Kinder sprechen,

wenn man sie lässt, das heißt, wenn man ihnen Menschen zur Verfügung stellt und eine Sprache.
Sprache ist unser Thema. Wenn man sich dem Kapitel der ersten Worte eines Kindes zuwendet, ist die Sache zumindest genauso schablonenhaft einfach wie das Obige: Mütter neigen zu idealisierender Verkennung, Väter neigen zur Erinnerungslücke.
Dass sich aus der Lust an der eigenen stimmlichen Hervorbringung, aus der Fähigkeit, primär Vokale und Labiallaute zu bilden, und aus der Tendenz zum alliterativen Stereotyp (Sie merken schon, ich selbst hänge da in einer offenbar mangelhaft aufgearbeiteten frühkindlichen Fixierung fest) relativ zwanglos »Mamamama« und »Babababa« als bei weitem häufigste erste sogenannte Worte ergeben, ist nicht schwer zu verstehen; dass »Mumumu« als »Mama« und »Bebebe« als »Papa« umgedeutet werden, auch nicht. Die Neigung der Mütter, ihren Kindern – ausschließlich unbewusst, versteht sich – eher »Mama« als »Papa« zu suggerieren, gewährt man gerne. Haben sie die Mühe mit Flasche und Windel – sollen sie sich auch ein wenig freuen dürfen. Und wenn schließlich ein Vater aus dem Mund des Sprösslings »Auto« zu vernehmen meint, es augenblicklich zum garantiert ersten Wort macht, das der Sohn von sich gegeben hat, und dabei die Einwände seiner Frau: »Vor zwei Monaten war *Mama*, danach gleich *Papa*, dann *Opa*, dann *Dada* für die Katze«, völlig ignoriert, regen wir uns auch nicht auf. Das Kind kann es auf Basis eigener Erinnerung sowieso nicht korrigieren.
Was wir schon gehört haben: Entwicklungspsychologisch und epistemologisch ist die Lücke zwischen den ersten Worten eines Kindes und seinen ersten Erinnerungen zugleich skandalös und von höchstem Interesse, da nicht nur existenziell

wichtige Dinge wie die Fähigkeiten zu Selbstregulation und Beziehungskonstanz, sondern auch jene zur differenzierten Artikulation und Symbolbildung gewissermaßen in der Nacht der Welt grundgelegt werden, in einer Zone, die uns allen retrograd nicht mehr zugänglich ist, die ein für alle Mal finster bleibt und nur durch das schale und zweifelhafte Licht fremder Scheinwerfer ein wenig erhellt werden kann.
Poetologisch ist jedoch vor allem jener Punkt interessant, an dem die erste Erinnerung des Kindes auf eine bereits vorhandene Sprache und eine rudimentäere Ich-Identität trifft, jener Punkt also, ab dem ein Kind in Hinkunft von sich selbst sprechen kann, ohne ausschließlich auf Rekonstruktionen aus Sekundärquellen angewiesen zu sein. Ein Bild, ein Gefühl, ein Wort, kategorial abgelegt an einem Ort, an dem es beliebig zugänglich ist. An dieser Stelle können wir eigentlich damit beginnen, das Notstandsgebiet zu verlassen. Mit dem Wegpacken unserer narrativen Notwendigkeit können wir konstatieren, was ich die »zweite poetologische Grundfigur« nenne:

Ein Kind spricht.

Wenn ich meine Mutter nach meinem ersten Wort frage, erzählt sie seit einigen Jahren immer die gleiche Geschichte. Im Haus nebenan – wir wohnten in Amstetten auf Ardaggerstraße 10, also muss es 8 oder 12 gewesen sein – gab es eine Bäckerei. Die Bäckersfamilie besaß eine fünfjährige Tochter, Karin, die an dem kleinen Buben bei den Hochgatterers – keine Schwimmhäute mehr, kein Flaum mehr an den Wangen – einen Narren gefressen hatte. Sie, Karin, sei täglich rübergekommen und habe mit mir gespielt, unter anderem »Schule«. Sie habe Häuser und Bäume gezeichnet, wie üblich, und dann versucht, ihren Namen aufs Blatt zu schreiben. Dabei habe sie autosuggestiv eindringlich gesagt: »Karin schreiben«, »Karin schreiben«, und irgendwann einmal, meine Mutter habe ihren Ohren nicht getraut, hätte ich es wiederholt.

Ein Kind spricht. »Karin schreiben« als erste Worte? – Wer's glaubt … Sie haben es hundertprozentig richtig erkannt – es ist die gleiche Sache wie oben jene mit dem »Auto«. Meine Mutter hatte anfangs gewisse Schwierigkeiten mit mir als schreibendem Arzt. Jetzt ist sie stolz. Dazwischen liegt ein Prozess, der die Tatsache, dass ich mit Sicherheit auch »Mama« und »Papa« gesagt habe und vielleicht »Dada« für »Katze«, vollkommen in den Hintergrund gedrängt hat. Der Sohn schreibt und er muss das immer schon gewollt haben, daher muss er als erstes Wort »Karin schreiben« gesagt haben, basta!

Das erste Wort, das ich in meiner eigenen Erinnerung gesprochen habe, ist »Gamada«. Es hat mit meiner Schwester zu tun. Gamada. Ein Kind spricht. Ich, etwa zwei Jahre alt, stehe in der Küche am Korbwagen, in dem meine Schwester liegt und brüllt. Ich rüttle, sie hört nicht auf, ich rüttle weiter, sie brüllt noch mehr. Mein Vater befreit mich schließlich aus der Situation. Er hebt mich hoch und trägt mich ins Schlafzimmer der Eltern, wo sich mein Gitterbett befindet. Er stellt mich hinein. Ich stehe da und blicke mich um. An der Wand hängt etwas, das einen schrägen Schatten wirft – ein Kreuz vielleicht oder ein Bild mit einem dicken Rahmen. Nach einer Weile sage ich: »Gamada«. Gamada – ein Neologismus, der geboren wird aus einem Konglomerat von Affekten – Wut gegen die brüllende Schwester; Angst vor dem Impuls, sie aus der Welt zu kippen; Angst davor, der Vater könne böse sein und aus dem Zimmer gehen – aus der Dankbarkeit für die Rettung und aus der Notwendigkeit, diesem Ding an der Wand einen Namen zu geben.

Gamada – der Begriff blieb mir über Jahre, denn er tat hervorragende Dienste, benannte und zähmte er doch in größter Zuverlässigkeit Dinge, die mir nicht geheuer waren, aus mir selbst und aus der Welt ringsum: die Karpfen, die mich aus dem Becken des Fischhändlers anstarrten; den Bach, der an einer Stelle der Stadt dunkel von unten auftauchte und nach kurzer Strecke wieder verschwand; oder den Nachbarn, der auf Krücken ging und den ich mich nicht zu fragen getraute, wohin denn sein eines Bein verschwunden war, weshalb denn an dessen Stelle eine leere, unten umgeschlagene Hosenröhre hing.
Ein Kind spricht. Ich nähere mich für heute dem Schluss. Helene.
Von Helene rede ich derzeit am liebsten. Helene ist eindreiviertel Jahre alt. Sie ist im Besitz einer Mutter, die ihre Emotionen spiegelt, mit ihr plaudert und ihr Lieder vorsingt, eines Vaters, der sie in die Luft wirft und schon sehnsüchtig aufs Radfahren wartet, von Großeltern, die ihr Marienkäfer zeigen und den Mond, und von allerlei Tanten, Onkeln, Großtanten und Großonkeln. Ich bin so einer, ein Großonkel. Helene hat karottenrotes Haar, einen Buggy, mit dem man ziemlich schnell fahren kann (bei uns hieß das daher früher – viel passender – Sportwagen), und im Gesicht jene Mischung aus unbändiger Lust und tiefer Ernsthaftigkeit, wie man sie nur bei eindreivierteljährigen Kindern findet, wenn sie gerade mit dem beschäftigt sind, mit dem eindreivierteljährige Kinder halt so beschäftigt sind, zum Beispiel mit Sprechen. Helene spricht gern. Sie tut das teils phonetisch-imitativ – »Ita« für Rita, meine Frau, »Maten« für Tomaten, die sie liebt –, teils onomatopoetisch – für Katze nicht »Dada«, sondern »Miomio«.
Apropos Katze: ein Geständnis. Die Konsequenz und Innigkeit, in der Helene schon sehr früh ihre Plüschkatze »Mio-

mio« mit sich herumgeschleppt hat, hat mich veranlasst, ihr das Bild meiner proletarisch grau getigerten Petzi, das ich als Bildschirmhintergrund auf mein Handy geladen habe, zu zeigen. Ich habe mich dabei zwar ein wenig schäbig gefühlt, doch sofort war klar, dass das mit der Beziehungsanbahnung übers Haustier nicht nur bei den Hundehaltern funktioniert. Helene will zwar seit diesem Zeitpunkt immer sofort mein Handy haben, wenn sie meiner ansichtig wird, aber mir macht das nichts aus, denn: Wer meine Katze mag, den mag ich auch, Sie kennen das inzwischen.

Letzten Februar waren wir mit Helene Schi fahren; das heißt, die Großen sind Schi gefahren und jeweils einer von uns Großen hat Helene in ihrem wintertauglichen Sportwagen durch die Gegend chauffiert. Beim Frühstück haben wir einander getroffen und Helene hat uns an den Aspekten der Welterkundung einer Eineinvierteljährigen, die nicht nur den Kinderpsychiater begeistern, teilhaben lassen: an Symbolbildung und an Mentalisierung. Die Lösung der Bedeutung von einem konkreten Gegenstand und ihre Übertragung auf einen anderen – das ist Symbolbildung. Zum Beispiel: Helene kommt zum Frühstück, sieht auf dem Fensterbrett einen Schneemann aus Holz stehen, erkennt in ihm ein Abbild all jener Schneemänner, die sie auf ihren Sportwagenfahrten gesehen hat, stürzt begeistert auf ihn zu und ruft: »Neema, Neema« – Schneemann, Schneemann. Die Vorstellung der abwesenden echten Schneemänner, das Erkennen des Gemeinsamen – runde weiße Bäuche und Köpfe, schwarze Knopfaugen, Karottennasen – und die Bedeutungsübertragung mithilfe eines sprachlichen Symbolons, des Begriffes »Schneemann« – das ist Symbolbildung. Die Vorstellung psychischer Prozesse in einem anderen Menschen, die Vorstellung davon, was das Gegenüber denkt, fühlt, be-

fürchtet oder wünscht – das ist Mentalisierung. Zum Beispiel: Helene kommt zum Frühstück, sieht auf dem Fensterbrett ihren Holzschneemann stehen, hat bei den drei vorangegangenen Frühstücken die Begeisterung von uns Großen (nicht nur vom Kinderpsychiater-Großonkel) wahrgenommen, blickt sich um, identifiziert die Erwartung in unseren Gesichtern und sagt mit einer Mischung aus Enthusiasmus und Verschmitztheit: »Neema, Neema« – Schneemann, Schneemann. Das Erkennen des emotionalen Ausdruckes in den Gesichtern der Umsitzenden, die Verknüpfung mit dem aus dem eigenen Inneren bekannten Gefühl der Freude und die Vorstellung, mittels der sprachlichen Benennung eines Holzschneemannes diese Freude in den anderen hervorzurufen – das ist Mentalisierung. Deshalb lieben wir übrigens kleine Kinder besonders – auch, aber nicht vor allem, weil sie in uns Freude hervorrufen, sondern weil sie in uns Freude hervorrufen *wollen*. (Wer der Sache mit der Mentalisierung übrigens genauer auf den Grund gehen möchte, lese nach bei den englischen Psychoanalytikern Peter Fonagy und Mary Target.)
Moment, sie war doch erst eineinviertel, werden diejenigen unter Ihnen, die aufgepasst haben, einwenden, und ich werde sagen: Ja, das ist richtig. Sie ist zwar da, unstrittig, aber sie wird sich wohl weder an die Holzschneemänner auf dem Fensterbrett erinnern können noch daran, »Neema, Neema« gesagt zu haben. Und trotzdem – obwohl sie gerade in dieser skandalösen Nebelzone steckt: Worte purzeln aus ihrem Mund, doch sie erinnert sich nicht, obwohl wir sie daher erst auf dem Weg an die Stelle wissen, an der wir – poetologisch-pathetisch – sagen können: »Ein Kind spricht«, merken wir, dass da parallel noch etwas anderes stattfindet. Sie überträgt Bedeutung – von den Schneemännern, die sie gesehen hat, auf jenen auf dem Fens-

terbrett. Sie identifiziert die Erwartung in den anderen und antizipiert die Freude, die sie hervorrufen wird. Sie folgt schließlich einem Spannungsbogen, Einleitung, Höhepunkt, Abfall, damit einem Schema, das man, abgeleitet von einem Terminus des amerikanische Kinderanalytikers Daniel Stern, protonarrativ nennen darf. Mit anderen Worten: Sie nähert sich dem, was konsequenterweise die »dritte poetologische Grundfigur« heißen muss:

Ein Kind erzählt.

Derzeit, also gut ein halbes Jahr nach der Schneemann-Episode, sieht das so aus: Wenn Helene mich erblickt, tut sie erst so, als sei nie etwas zwischen uns gewesen. Nach zirka einer halben Minute schaut sie mich auffordernd an. Ich führe meine Hand zur Hosentasche. Sie sagt begeistert: »Miomio«, und ich übergebe ihr mein Handy. Sie betrachtet das Display, zeigt mit dem Finger drauf und schaut mich erneut an. Ich sage: »Miomio?«, und sie sagt darauf voller Witz und Begeisterung: »Nein, Petzipetzi.« Ich denke dann, wie wunderbar sich die Sprache in einem Kind verändert und wie wichtig Katzen dabei sein können, und ich frage mich, ob Helene sich an diese Dinge wird erinnern können.
Nachdem sie »Petzipetzi« gesagt und ich ihrer Erwartung entsprechend enthusiastisch reagiert habe, tue ich jedenfalls, wonach einem im Umgang mit Kindern vor allem sein sollte, denke ich: Ich rücke neben sie, nicht zu nahe, und stelle ihr die Frage, die uns allen, die wir Literatur mögen, irgendwann einmal gestellt wurde, die poetologische Zentralfrage, wenn man so will:
Soll ich dir etwas erzählen?

Körper – abseits der Sprache, über die Sprache hinaus

Sehr geehrte Damen und Herren, wenn ein Folgendes nach einem Ersten kommen soll, ist eine Eigenschaft gefragt, die in der Tiefenpsychologie »Konstanz des inneren Objektes« heißt, also die Sicherheit des kleinen Kindes, dass die Mutter vorhanden und dieselbe bleibt, wenn sie einmal für eine Weile den Raum verlässt – Anschlussfähigkeit, wie ein modischer Terminus die Sache benennt. Die meisten von uns besitzen sie, Sie, die Sie letzten Donnerstag schon hier waren, zu meiner besonderen Freude, und ich, zur Beruhigung von Karl Wagner und Beatrice Stoll, auch. Am einfachsten lässt sich Anschlussfähigkeit – Kinder sind schließlich unser Thema – unter Zuhilfenahme einer Erfahrung aus der Schule illustrieren, die uns allen gemeinsam ist: Der Deutschlehrer setzt am Dienstag voraus, dass wir uns zumindest daran erinnern können, am Montag etwas über Interpunktionsregeln oder den jungen Goethe oder Gottfried Kellers Engagement gegen die Kinderarbeit gehört zu haben. Tagtäglich sind wir anschlussfähig, selbstverständlich und in aller Regel, ohne darüber zu reflektieren, wenn wir am Morgen dieselben sind wie gestern und uns nicht darüber wundern, dass die Welt nicht untergegangen oder der Himmel grün geworden ist, während wir geschlafen haben. Die anschlussverpflichtete zweite Poetikvorlesung darf gewissermaßen augenreibend an diesem Beispiel Halt suchen.

Wenn wir am Morgen erwachen, kommt uns, bevor die Ich-bin-derselbe-wie-gestern-Kupplung endgültig einrastet, manchmal etwas dazwischen – der Partner an unserer Seite, ein kleines Frieren oder ein Zipfel von dem Traum, der da eben noch ganz um uns war wie ein großes buntes Tuch. Wir sinken ein wenig zurück, greifen zu, hüllen uns ein und verzichten noch für ein paar Minuten sowohl auf die diachrone Eindeutigkeit unserer Identität als auch auf das Pensum des neuen Tages.

Es ist mir etwas dazwischengekommen – das ist eine Figur, die wir von den Kindern kennen, die daher hier als zweite Legitimation für meinen zweiten Anfang ganz gut taugt; die erste sei der Hinweis auf das choreografische Prinzip der Bewegung in Maändern und Spiralen, dem ich letzte Woche schon gefolgt bin, was Ihnen mit Sicherheit nicht entgangen ist. Mir kommt ständig etwas dazwischen, das ist die Wahrheit, und manchmal, wie jetzt, ist es so, dass sich die Parenthese hineindrängt, bevor das Eigentliche überhaupt begonnen hat.

Es ist mir etwas dazwischengekommen, meine Damen und Herren, aber das hat erstens mit Zürich zu tun und zweitens, da das Unbewusste das Einzige ist, worauf man sich wirklich verlassen kann, auch mit unserem heutigen Thema, sogar in mehrfacher Hinsicht. In meiner Beschäftigung mit dieser Stadt stieß ich, einerseits katholisch sozialisiert, andererseits kulturell angestopftes Lehrerkind, zwangsläufig auf die Kirchen.

Apropos Kirchen:

Teil zwei der »Karin schreiben«-Geschichte vom letzten Mal – einige von Ihnen werden sich vielleicht erinnern: meine angeblich ersten Worte – handelt übrigens davon, dass meine Mutter in unkorrigierbarer Weise behauptet, ich hätte im Alter von vier Jahren angesichts eines hohen, spitzen Kirchturms gefragt: »Ist der götisch?«, und die Leute ringsum hätten staunend die Hände zusammengeschlagen. Ich glaube diese Geschichte aus drei Gründen nicht. Erstens weiß ich, dass meine Mutter, hätte sie in ihrer Jugend die Chance gehabt, unter Garantie Historikerin geworden wäre und aus der Dynamik dieser Verhinderung all ihre unerfüllten Wünsche und Sehnsüchte auf ihre Familie projiziert. Zweitens kann kein vierjähriges Kind Baustile unterscheiden, und drittens ist mir die Vorstellung, ausgerechnet »götisch« gesagt zu haben, so unangenehm, dass ich auf Zweitem, also darauf, es nicht gekonnt zu haben, bestehen muss.

Ich stieß also auf die Kirchen und fand in der Wasserkirche, genauer, auf einem der von Augusto Giacometti gestalteten Chorfenster, etwas, das für mich zwar vierzig Jahre zu spät kam, andererseits für einen Moment zwischen der tonnenschweren katholischen Symbolwucht meiner Kindheit und der Leichtigkeit der kindlichen Metaphorik des Künstlers eine zauberhafte Balance herstellte: Ich fand ein Auto. Seinerzeit, zwischen Weihrauch und Messgewändern, hätte ich das ganz gut brauchen können, denke ich und außerdem denke ich – Sie verzeihen mir diesen etwas platten Ausritt –, dass der innerkirchliche Phallus, der Symbol geworden ist, Räder bekommen hat und hinter dem Altar aufs Fenster gefahren ist, wesentlich weniger Schaden anrichtet als in seiner konkreten, fleischlichen Gestalt.
Auf dem Weg zwischen Wasserkirche und Großmünster begegneten mir dann Felix und Regula, die beiden Zürcher Stadtheiligen, und ich hatte eine Erkenntnis, das heißt, ich hatte eigentlich zwei Erkenntnisse, eine kleine und eine größere. Die kleine hat mit Psychozeugs zu tun, die größere mit meinem Namen und einem Huhn.
Die kleine: Erweitert man die vom 2002 verstorbenen deut-

schen Psychoanalytiker Johannes Cremerius in die Welt gesetzte und in ihrem rebellischen Gestus so wunderbare und gerade in der Psychoanalyse so wunderbar auf Widerstand stoßende Rede von der Ekklesiomorphie psychotherapeutischer Ausbildungseinrichtungen und nimmt an, dass in der Psychotherapie nicht nur die Ausbildung, sondern auch Theorien und Methoden die Konfiguration von Kirchen im Sinn von Religionsgemeinschaften und ihren Lehrgebäuden besitzen, so ist für den europäischen Raum die Sache klar. Der Psychoanalytiker ist der Protestant unter den Seelenveränderern; – abgesehen von einer kahlen Wand und vielleicht noch einem Möbel sei nichts zwischen Gott und mir, kein Bild, kein anderer Mensch. Wollte man sophistisch sein, könnte man hier noch differenzieren: lutherisch die eher legeren Richtungen – Adler und Jung zum Beispiel; Freud und Lacan radikal, also reformiert, auf alle Fälle. Wir Katholiken, und das hat zugegebenermaßen etwas sehr Beruhigendes, wären in dieser Systematik jedenfalls eindeutig die Familientherapeuten – eingebettet in die Gemeinschaft der Heiligen, multidirektional bezogen, und in Wahrheit weiß keiner mehr, wer der Chef ist.
Schluss mit Psychoanalyse; die größere Erkenntnis, zwischen Wasserkirche und Großmünster: Die Vorstellung, dass sich da Felix und Regula, die unglücklichen Geschwister, vom Richtblock auf der Limmatinsel erheben, sich ihre Köpfe unter die Arme klemmen und, beflügelt durch ein paar Engel, den Hang hinauftaumeln, zwanzig Schritte, fünfzig oder vielleicht sogar mehr, um sich erst dann endgültig hinzulegen, diese Vorstellung erinnerte mich einerseits, wie manche von Ihnen vermutlich auch, an Tim Burtons Film »Sleepy Hollow« – Christopher Walken als kopfloser Reiter, der es auf die Köpfe der anderen abgesehen hat; andererseits rief sie augenblicklich eine Kind-

heitserinnerung in mir wach. Meine Mutter, die von einem niederösterreichischen Bauernhof stammt, wurde von ihrer Schwester, meiner Tante also, die dort Bäuerin war, regelmäßig mit Naturalien versorgt, mit Kartoffeln, Schweineschmalz und selbstgebackenem Brot. Eines Tages kam diese Schwester und hatte in einem Jutesack ein Huhn dabei. Wenn man auf frische Eier reflektiere, könne man mit dem Schlachten ruhig noch ein wenig warten, sagte sie; dann fuhr sie wieder. Meine Mutter blickte meinen Vater auffordernd an. Der schüttelte den Kopf, wortlos und sehr entschieden. Meine Mutter verdrehte die Augen, nahm den Sack und ging hinaus, meine Schwestern und mich im Schlepptau, hatten wir doch noch nie ein Huhn zu Hause gehabt. Meine Mutter tat, was zu tun war, und die Art, in der sie, die Bauerstochter, es tat, folgte natürlich dem utilitaristischen Paradigma der agrikulturalen Mensch-Tier-Beziehung: Ein Tier ist in erster Linie ein Nutztier; manchmal nützt es lebendig, manchmal tot. Sie holte also Hackstock und Beil aus dem Schuppen, schnürte den Sack auf, zog das Huhn heraus – wir sahen, dass es dunkelbraun und flauschig war –, klemmte es sich zwischen die Knie, um die Hände frei zu haben, und schlug ihm mit sicherem Hieb den Kopf ab. Die beiden Teile des Huhns taten in der Folge Verschiedenes. Der Kopf lag seitlich auf dem Hackstock, der Schnabel ging ein paar Mal auf und zu, ohne einen Laut hervorzubringen. Der Rest fiel, befreit von der Klemme der Knie meiner Mutter, auf die Krallen und begann flügelschlagend über den Rasen zu rennen, in wilden Mäandern und Spiralen. Erst als genügend Blut aus dem Halsstumpf gedrungen war, eine gefühlte Minute später, fiel der Hühnerkörper um und … gab seinen Geist auf, ist man versucht zu sagen, aber das wäre blasphemisch und stimmte außerdem technisch-biologisch nicht, denn der Geist war, wenn schon, im Hühnerkopf, und der hatte von Anfang an w. o. gegeben. Ich kann mich nicht erinnern, mit welchem Gefühl ich danach dieses Huhn gegessen habe, sehr wohl jedoch daran, dass das Ereignis in mir, dem Neunjährigen, nachhaltige Irritation hervorrief. Dieselbe ließ sich auf eine Kurzformel bringen: Ich hieß Paulus, und in diesem Fall war das blöd. Katholizismus, Heiligenverehrung – wir waren soeben kurz dort –, Namenspatrone. Der Namenstag war in meiner Kindheit eindeutig wichtiger als der Geburtstag, das heißt, die Tatsache, dass es da einen Heiligen gab, der sich – aus dem Himmel, versteht sich – gnädig herabgelassen und einem seinen Namen zur Verfügung gestellt hatte, war wichtiger, als dass man auf der Welt war. Der je eigene Namenspatron sollte Orientierung geben und daher sollte man etwas wissen über ihn beziehungsweise sie. Manche Namenspatrone gaben lebensgeschichtlich etwas her, manche gar nicht. Meiner schon. Er hatte zum Beispiel die meisten der zu seinen Lebzeiten bekannten Länder bereist; er war, bevor er ein Guter geworden war, bezeugtermaßen ein wirklich Böser gewesen; er hatte geschrieben, jede Menge sogar; schließlich hatte er ein spektakuläres Ende genommen.

Das Letztere war das Blöde: Das Faktum seiner Dekapitation erfuhr durch die Sache mit dem Huhn eine enorme Aktualisierung. War der Rumpf des Heiligen Paulus, nachdem der römische Scharfrichter das Haupt von ihm getrennt hatte, ebenfalls aufgestanden und noch eine Weile herumgegangen? War sein Kopf nicht nur vom Richtblock gekippt, ein wenig gerollt und dann im Staub zur Ruhe gekommen, sondern hatte er am Ende, anders als der Hühnerkopf, noch etwas gesagt – befand sich das Hirn, das Steuerzentrum der Sprache, doch im Schädel und damit ungetrennt vom Sprechwerkzeug?! Schließlich: Warum hatten sie mich nicht einfach Petrus genannt? Am Namenstag hätte sich nichts geändert, 29. Juni, Peter und Paul; die Kreuzigung kopfunten war zwar auch keine wirklich komfortable Todesart, doch ich wäre immerhin ganz geblieben. Ich? – Ja, Identifikation ist etwas, dem man sich nicht entziehen kann.

Ein kleiner Aktualexkurs, total ungehörig, weil unmaskiert zielgerichtet:
Aufgrund der zahlreichen unbewussten Implikationen kann man, wie soeben gezeigt, bei der Namenswahl nicht genug aufpassen. Sie kennen das: Adolf geht nie mehr wieder, und gegenwärtig wird man sich vielleicht auch Silvio, Angela oder Bastian gut überlegen. Anderes ist harmloser. Nennt man ein Mädchen zum Beispiel Beatrix oder Beatrice, sollte man wissen, dass dieser Name, sosehr man sich das auch wünschen mag, nichts mit »beatus – froh, glücklich, selig« zu tun hat, sondern in Wahrheit eine Verballhornung von Viatrix ist, der weiblichen Form von Viator. Beatrice pilgert also, wandert, ist ständig auf Achse. Bei Karl hingegen sei einem klar, dass Karl Borromäus, der aus Mailand kommende Namenspatron, erst in Pavia eine Studentenherberge gründete, später das Amt des päpstlichen Visitators in der Schweiz innehatte und sich von seinem Anliegen des Kampfes gegen den Protestantismus so erfüllen ließ, dass er 1579 das Collegium Helveticum errichtete, ein Seminar zur Ausbildung von Priestern, die die Schweiz katholisch infiltrieren sollten.

Genug der Ausritte. Erkenntnis fand statt – auf dem Weg zwischen Wasserkirche und Großmünster, mithilfe einer Reihe abgeschlagener Köpfe: Felix, Regula, das Huhn, der Apostel.

Wenn man sich gerade kopflos fühlt, bedeutet es, glauben Sie mir, keine Entlastung, die Kopflosigkeit sozusagen im persönlich-metaphorischen Programm zu haben. Wenn einem das in einer Stadt passiert, die das gleiche Merkmal aufweist – Kopflosigkeit im Programm –, fühlt man sich zumindest verstanden. Das Angenehme daran schwindet allerdings gleich wieder, liest man nach und erfährt, dass der Gedenktag der Zürcher Stadtheiligen ausgerechnet jenes Datum ist, das der symbolischen Dekapitation der westlichen Welt seit einigen Jahren ziemlich fix zugeordnet ist, der 11. September, und dass zur rituellen Begehung dieses Gedenktages etwas gehört, das »Knabenschießen« genannt wird. Da verschlägt es dem außerhelvetischen Kinderpsychiater endgültig die Sprache.
Egal, eine Erkenntnis war angekündigt und genau für die Situation des Spracheverschlagens taugt sie gut: Metaphorik ist in letzter Konsequenz immer der Rekurs auf den Körper. Der eigene Körper, und damit beginne ich programmgemäß auch zur ersten Vorlesung zurückzukehren, ist da, wenn wir geboren werden. Er ist, und das macht das existenzielle Paradoxon aus, das immer noch dazu führt, dass sich Philosophie-Professoren die Köpfe einhauen, das zentrale konstituierende Element dessen, was wir Ich nennen, und zugleich dessen zuverlässigstes Gegenüber. Der Körper erzeugt in uns einerseits kontinuierlich das Empfinden von Identität, andererseits kommuniziert er – genauso kontinuierlich – als ein anderer mit uns. Er ist Innen und Außen; er ist die Lampe, die den Film unseres Lebens erhellt, und jener Darsteller, der auf höchst penetrante Weise in möglichst jeder Szene vorkommen möchte. Wir laufen, arbeiten, tanzen mit dem Körper, wir lieben und hassen mit ihm, Gleiches gilt fürs Wachen und Schlafen – ein uneleganter Schwenk zum heutigen Anfang. Mithilfe des Körpers

lernen wir denken, rechnen, sprechen und spielen. Der Körper, und das ist metaphorologisch, also poetologisch, von Relevanz, ist jenes Bezugssystem, das uns immer zur Verfügung steht, auch wenn andere versagen. Noch einmal daher dieser Satz, der im Gestus ein wenig auftrumpft, den man sich trotzdem ganz gut merken kann:
Metaphorik ist in letzter Konsequenz immer der Rekurs auf den Körper. Wenn die Sprache versagt, ist das der Fall, und in der Erzählung verhält es sich manchmal genauso.
Der Körper steht heute im Titel, das Versagen von Sprache ist Thema und das Erzählen war es zuletzt schon.

Soll ich dir etwas erzählen?
Mit dieser poetologischen Zentralfrage, der ersten, habe ich letzten Donnerstag aufgehört. Davor habe ich versucht, den Beginn einer kleinen ontologisch-poetologischen Systematik zu entwerfen, indem ich entlang der Sprach- und Denkentwicklung eines Kindes drei poetologische Grundfiguren skizziert habe:

Ein Kind ist da.
Ein Kind spricht.
Ein Kind erzählt.

Zwischendurch habe ich in Reaktion auf das Ausgangsärgernis der menschlichen Existenz, am Anfang nicht nur keine Sprache, sondern auch keine Erinnerung zu besitzen, eine erste narrative Notwendigkeit formuliert, nämlich ebenjene, über Kinder zu schreiben, die noch keine Sprache besitzen, und über Kinder, die sich noch nicht erinnern können.

Anschlussfähigkeit war die Forderung, der ich mit gehöriger Verzögerung nun endgültig nachkomme.
Sie erinnern sich vielleicht an Helene, das noch nicht zweijährige, rothaarige Mädchen, das meine Katze mag, in Metaphern denkt, sich die Gedanken und Gefühle anderer Menschen vorstellt, also die Fähigkeit zur Mentalisierung besitzt, »Schneemann« sagt und, wenn sie mit einem spricht, Gestalten bevorzugt, die einen erzählungsähnlichen Bogen aufweisen: Einleitung, Höhepunkt, Abfall. Daniel Stern nennt diese Gestalten, wie zuletzt schon gesagt, protonarrativ, und das wirklich Spannende ist, dass sie sich bereits viel früher, im Säuglingsalter, als bevorzugte Interaktionsmuster abrufen lassen. Philippe Rochat, übrigens aus der Schweiz, genauer: aus Genf, stammender, in Atlanta lehrender Entwicklungspsychologe, und Tricia Striano, die seit einigen Jahren Leiterin der Forschungsgruppe für Kognitionswissenschaften und Entwicklung an der Universität Leipzig ist, wurden in der einschlägigen Szene mit folgendem Experiment bekannt: Sie konfrontierten drei bis vier Monate alte Säuglinge mit einem Interaktionsspiel, das eine protonarrative Struktur besitzt: Der Versuchsleiter wendet sich dem Säugling zu, nimmt Augenkontakt auf und sagt auffordernd: »Da schau her!« Dann neigt er sich nach vorn, hebt die Hände vor sein Gesicht, nimmt sie nach kurzer Zeit wieder weg und sagt: »Kuckuck!« Am Ende lehnt er sich mit einem langgezogenen, abschwellenden »Jaaa!« zurück. Dieses Spiel kommt Ihnen bekannt vor und Sie wundern sich gar nicht, dass die Kleinen es mochten; – »Kuckuck«, das spielen die Mütter vermutlich schon seit Jahrhunderten mit ihren Kindern. Verwundern sollte einen ja auch in erster Linie die Tatsache, dass Veränderungen der Crescendo-Decrescendo-Kontur, Vertauschungen der Elemente (»Jaaa« vor »Da schau her«,

zum Beispiel, und am Ende erst »Kuckuck«) von den Säuglingen gar nicht gemocht wurden und ein augenblickliches Absinken ihrer Aufmerksamkeit und Zugewandtheit zur Folge hatten. Säuglinge mögen Spannungsbögen. Die Empfänglichkeit für protonarrative Interaktionsstrukturen ist bereits in einem Alter nachweisbar, in dem das Kind noch längst keine Sprache besitzt. Mit anderen Worten – metaphorisch, durch Mimik, Gestik und Aufmerksamkeitsverhalten, also körperlich, stellen uns Kinder schon sehr früh jene Frage, die aus ihrer Sicht die wichtigste ist, die ich die zweite poetologische Zentralfrage nennen möchte:
Erzählst du mir etwas?

Für manche mag es kränkend sein, dass die Sache mit dem Erzählen im Grunde nichts Reingeistig-Hochgestochenes ist, sondern offenbar ähnlich funktioniert wie das Laufen, das Sexhaben oder das Sprechen: Auf Basis physisch, also cerebral angelegter Strukturen will der Mensch laufen, Sex haben und sprechen; und er will sowohl erzählen als auch erzählt bekommen. Rein einkommenstechnisch ist das für die Sparte der Berufserzähler übrigens eine absolut beruhigende Perspektive, würde ich meinen, und wenn die Lobby der Literaturapokalyptiker wieder einmal den Niedergang der schriftgebundenen Künste ausruft, sollte man jemanden reden lassen, der etwas vom Hirn versteht und mit Kindern zu tun hat.
Laufen, Sex haben, sprechen. All diese Dinge lernt man leichter und schneller, wenn einem jemand dabei hilft. Gleiches gilt fürs Erzählen. Im Dialog ist es einfacher und macht mehr Spaß. Ein Kind, dem regelmäßig die Frage: »Soll ich dir etwas erzählen?« gestellt wird, buchstäblich oder metaphorisch, wird sowohl lernen, in selbstverständlicher Weise die komplementäre

Frage zu stellen: »Erzählst du mir etwas?«, als auch selbst zu erzählen beginnen.
Helene ist umgeben von Menschen, die Geschichten für sie bereithalten, die ihr, implizit zumindest, immer wieder die Frage stellen: »Soll ich dir etwas erzählen?« Daher erzählt sie genauso: Katzengeschichten, Geschichten aus ihren Bilderbüchern oder Geschichten, die mit ihrem Alltag zu tun haben. Seit einiger Zeit ist ihre Lieblingsgeschichte die vom Motorrad. Sie, die Geschichte, erfährt ausreichend oft Aktualisierung und Helene erfährt ausreichend Bestätigung. Außerdem ist die Geschichte leicht zu merken. Sie geht so:
»Mann. Orrad. Sssst.«
Ein Mann sitzt auf einem Motorrad und fährt, sssst, vorbei. Zu »sssst« macht Helene mit dem Kopf eine rasche horizontale Drehbewegung – das illustrierende körperliche Element ihrer kleinen Geschichte. In Helenes unmittelbarer Umgebung gibt es übrigens weit und breit kein einspuriges Kraftfahrzeug. Die Frage, was es für ihre Zukunft bedeuten mag, dass sie uns so früh schon an ihrer Faszination für flüchtige Männer auf Motorrädern teilhaben lässt, hat sich in Gegenwart ihrer Mutter noch niemand zu stellen getraut.

Helene hat es gut. Manche Kinder haben es gut. Kaum sind sie da, wird protonarrativ mit ihnen kommuniziert; kaum spitzen sie merkbar die Ohren, hören sie schon das Neueste aus der Familie; wenig später erzählen sie selbst, heute noch gestengestützte Dreiwortgeschichten, morgen schon ganze Romane. Manche Kinder haben es nicht so gut. Ihnen geraten Sprache und Erzählung zu etwas anderem.

Ich selbst lernte dieses andere anhand des Mädchens kennen, das Sand fraß. Ich war damals vier Jahre alt. Wir waren aus Amstetten in einen kleineren Ort in der Nähe gezogen, in eine Siedlung, in der vor allem junge Familien mit ihren Kindern wohnten. Ich gewann rasch Freunde, Buben hauptsächlich, die, ein wenig älter als ich, dadurch gekennzeichnet waren, dass sie alle ein Gewehr mit Schussfunktion besaßen. Schussfunktion bedeutete einen an der Oberkante montierten Einmachgummi mit Lederfleck, mit dem man wie mit einer Schleuder kleine Steine abfeuern konnte. Ich bedrängte meinen Vater, mir auch ein derartiges Gewehr zu machen. Er gab nach und tat, was in bestimmten Entwicklungsphasen nicht so sehr die Beziehung zwischen Lehrervätern und ihren Söhnen, sondern die zwischen Eltern und Kindern insgesamt ausmacht, er betrog mich; das heißt, er sägte aus einem Holzbrett ein wunderbares Gewehr, so lang wie die Gewehre der anderen, glättete es mit Schleifpapier und montierte einen alten Hanfriemen als Tragegurt. Schussgummi gab es keinen. Das sei zu gefährlich, man sei nicht im Krieg, Jäger seien zu dumm, um sie sich zum Vorbild zu nehmen – man kann sich die Argumente eines Pädagogen vorstellen. Ich war also genötigt, imaginär zu schießen, und fühlte mich in der Gruppe noch ein wenig mehr als der, der ich sowieso war, als der Kleinste. Man schoss auf Baumstämme, Tauben und den kleinen nervösen Hund des Schulwartes, so lange, bis es fad wurde. An diesem Punkt ging man meistens nach Hause. Nur einmal sagte einer von uns, es wohne da um die Ecke, in einem Haus mit Hof, ein Mädchen, das sei schon sieben, müsse also eigentlich zur Schule gehen, könne aber kein Wort sprechen. »Und außerdem frisst sie Sand.«
Keiner von uns hatte jemals jemanden gesehen, der mit sieben

nicht sprach, und dass ein Mensch Sand fraß, konnte es einfach nicht geben. Wir zogen daher auf der Stelle los, um das Mädchen zu finden, gingen einmal zu diesem Haus, zweimal, zehnmal, dann war es plötzlich da.
Es hatte schwarze glatte Haare, daran kann ich mich erinnern; es saß mit dem Rücken an die Hausmauer gelehnt und hielt in einer Hand eine nackte Puppe. Wir stellten uns in einiger Entfernung im Halbkreis auf; keiner wusste, was er sagen sollte. Irgendwann hob einer von uns das Gewehr. Nach einer Weile standen wir alle da und hatten unsere Gewehre auf das Mädchen gerichtet. Keiner schoss, keiner sprach, und trotzdem wussten wir, was wir in Wahrheit wollten. Ich habe keine Ahnung, was die Sache letztlich zum Kippen brachte, ein Zucken, eine kurze Vorwärtsbewegung, vielleicht auch etwas, das ausschließlich in dem Mädchen vorging. Es fing jedenfalls plötzlich an zu schreien, ein an- und abschwellendes offenes A, so gellend, so laut, dass wir auf der Stelle davonliefen.
Wir sind einfach gelaufen, das weiß ich noch gut, ich habe unglaubliche Angst gehabt, und wir haben uns nicht einmal angesehen. Nachher habe ich allen möglichen Leuten eine Geschichte erzählt, die falsch war. Ich habe erzählt, wie wir das Mädchen gefunden haben, samt der nackten Puppe, wie es tatsächlich die ganze Zeit nichts gesprochen hat und wie wir auch garantiert nicht geschossen haben. Am Schluss habe ich gesagt: »Und dann hat sie Sand gefressen«, und das war gelogen. Vom Schreien habe ich nichts gesagt.
Dass es dieses Mädchen, von dem ich heute nicht einmal mehr den Namen weiß, nicht gut hatte, war mir schon damals klar. Ob es eine Behinderung war oder irgendeine Art der psychischen Verletzung, die ihre Sprache zu etwas anderem machte, konnte ich später nicht mehr erhellen. Fest steht, dass das, was

uns dermaßen mit Angst erfüllte, was uns alle zum Davonlaufen und mich zum konsequenten Erzählen einer Lügengeschichte brachte, etwas im innersten Wesen Körperliches war. Ich nenne es hier die »vierte poetologische Grundfigur«:

Ein Kind schreit.

Manche Kinder haben es nicht so gut. Die schreien dann, oder, um die ursprüngliche Formel noch einmal zu gebrauchen, es gerät ihnen die Sprache zu etwas anderem, zu einer lauten und wenig strukturierten phonetischen Entladung. Sie nehmen alle Worte, die sie in sich finden können, formen sie zu einem cluster- oder projektilartigen Gebilde und stoßen es mit der ganzen Energie, die aufzubringen sie imstande sind, mit aller Luft, die sich in ihren Lungen befindet, durch den Kehlkopf nach außen. Im Sinne der lexikalischen Semantik bedeutet ein Schrei in der Regel nichts, glücklicherweise ist das heute auch nicht unser Blickwinkel, diskurssemiotisch oder poetologisch betrachtet, verhält es sich völlig anders.
Ein Kind schreit. Wann schreien Kinder? (Und ich meine jetzt nicht die aus Lust und Langeweile resultierenden Lautäußerungen auf Schulhöfen oder das Gequengel von Zwölfjährigen, die sich mit der Aufrechterhaltung des Red-Bull-Verbotes konfrontiert sehen; ich meine das Schreien des Mädchens, das Sand fraß.) Kinder schreien, wenn ihnen Gewehre vor die Nase gehalten werden oder wenn man sich anschickt, ihnen die Eltern wegzunehmen. Kinder schreien, wenn sie sich von Vernichtung bedroht sehen; in einem gewissen Entwicklungsalter reicht es, wenn die Mutter den Raum verlässt, und in einer gewissen psychischen Verfassung kann das Gewehr auch aus Holz sein.

In Österreich schreien derzeit Migrantenkinder, die man trotz jahrelanger erfolgreicher Integration von der Mutter trennt und abschiebt; aber das ist eine andere Geschichte, außerdem eine politische Bemerkung, die in einer Poetikvorlesung nichts zu suchen hat.
Kinder schreien, wenn sie noch etwas zu verlieren haben, wenn auf einer unbewussten Ebene die Idee, alle Worte und alle Geschichten zu bündeln, sinnvoll erscheint. Ich benenne alles, was ich kenne, jedes Ding, jede Person, jeden Geistes- oder Gemütszustand; ich schlage in jeden einen Haken, der mich hält. Ich rufe jeden, dem ich jemals einen Namen gegeben habe, als Nothelfer an, wie in einer hochverdichteten Litanei. Ich nütze alle Worte, die ich gesprochen habe, zur Klage und ich komprimiere alle Geschichten, die in mich hineinerzählt wurden, von jemand außerhalb oder von mir selbst, zu einem gewaltigen, gellenden Geschoss, um die Gefahr, die mich bedroht, am Ende vielleicht doch abzuwehren. Schreiende Kinder wehren sich. Das macht sie manchmal unbequem.
Ein Kind schreit. Was tun die anderen? Sie erschrecken und laufen weg. Sie halten sich die Ohren zu. Sie wollen nichts gehört haben. Sie haben Dinge gesehen, die nicht da waren. Sie erzählen Lügengeschichten. Manchmal bleiben sie stehen und drehen sich um. Wir Anständigen atmen auf.

Kinder, die schreien, haben noch etwas zu verlieren. Es gibt auch andere. Eines von ihnen war Hans. Hans ging mit mir in die dritte Volksschulklasse, das heißt, ich kam dorthin, von der zweiten in die dritte, wie üblich, und er war schon dort. Er war sitzengeblieben, was ihn für uns Mitschüler interessant machte, hatte er uns doch damit ein Jahr Lebenserfahrung voraus. Außerdem wohnte Hans in der Grasmühle, einem abseits gelegenen alten Haus, in dem es keinen Strom gab, Telefon schon gar nicht. Wir stellten uns das romantisch und ein wenig gruselig vor, ein Holzfeuer im Herd, Kerzen und Petroleumlampen. Hans' Vater sah man ab und zu auf einem blauen Moped mit Anhänger, Hans' Mutter sah man nie. Es hieß, sie sei so dick, dass sie sich nicht aus dem Bett rühren könne, und eigentlich sollte sie an irgendwas operiert werden, was aber wegen des Dickseins nicht ging. Hans konnte sensationell kopfrechnen, auch multiplizieren und dividieren, und er wusste, wie viel eine Million war. Unserer Lehrerin war das egal. Sie, die in erster Linie für den Tierschutz lebte, wie sie regelmäßig kundtat, und tatsächlich eine zahme Dohle zu Hause hatte, nahm in der Klasse vor allem die körperliche Sauberkeit von uns Schülern in den Blick. Unter anderem ließ sie einmal, weil ihr ihre ungeputzten Fingernägel missfielen, unsere Mitschülerin Monika so lange mit ausgestreckten Armen, den Bambusstab auf den Fingerspitzen, vor dem Lehrertisch stehen, bis das Mädchen umfiel wie ein Stock. Da jeder sehen konnte, dass die Sache mit der Sauberkeit bei Hans aussichtslos war, konzentrierte sich unsere Frau Lehrerin von Anfang an auf die Verbesserung seiner Leistungen in Deutsch. Als nichts etwas half und er weiterhin sensationell oft Buchstaben wegließ und vertauschte, begann sie schließlich, seine mit roten Strichen übersäten Aufsätze und Diktate in den Schaukasten am Gang zu stellen, damit alle sie in ihrer ganzen Fehlerpracht bewundern konnten. Unter anderem hatte Hans in einem Aufsatz siebenmal statt dem Wort »Turnhose« »Trumhose« geschrieben, und dieses »Trum« allein war gut geeignet, um sich ein Semester lang über ihn lustig zu machen. Keiner tat etwas dagegen, schon gar nicht die Kollegen der Frau Lehrerin. Als ich die Sache meinem Vater erzählte, murmelte er etwas von »Legasthe-

nie«, ein Wort, das ich damals nicht verstand. Mein Vater tat auch nichts dagegen. Woche für Woche kam weiterhin zumindest eins der Hefte von Hans in den Schaukasten. Parallel dazu wurde er selbst immer ruhiger.
Es gibt Kinder, die haben nichts mehr zu verlieren. Dass dieser Satz ein wenig pathetisch klingt, macht ihn leider nicht falsch. Es sind Kinder, deren Leben zentral von der Erfahrung bestimmt wird, dass sich ihre Worte und Sätze nicht bewähren; dass man zwar allerhand benennen kann – Dinge, Personen, Geistes- und Gemütszustände –, sich aber nirgendwo ein Haken hineinschlagen lässt, der auch hält; dass da kein Nothelfer ist, der auftaucht, wenn man ihn beim Namen ruft; dass jede Klage ins Leere läuft und dass keines der narrativen Geschosse, die abzufeuern man vielleicht noch imstande ist, auch tatsächlich trifft. Diese Kinder geraten in eine Verfassung, die ich in meiner inzwischen schon leicht zwänglich anmutenden Systematik als die »fünfte poetologische Grundfigur« bezeichne:

Ein Kind verstummt.

Ein Kind verstummt, noch einmal, weil seine Worte und seine Geschichten sich nicht bewähren; weil auf nichts, was da im Begriffs- und Erzählhirn aufliegt, wirklich Verlass ist; weil jedes winzige Etwas, das man da eventuell herauslassen könnte, dazu taugt, Unruhe und Verwirrung zu stiften. Mit anderen Worten: Ein Kind verstummt, weil da eine wesentliche Inkongruenz zwischen seiner eigenen Welterzählung und jener der wichtigsten Bezugspersonen besteht.
Nicht nur das konsequente Prügeln des konsequent betrunkenen Vaters samt der entwertenden Begleitmusik macht das Kind stumm, sondern vor allem, dass der Vater dem Kind ver-

mittelt, die Sache gehöre so. Nicht nur die Tatsache, dass die Mutter psychisch krank ist, regelmäßig ins Spital muss und ebenso regelmäßig von Selbstmord spricht, bringt das Kind zum Schweigen, sondern mehr noch, dass die Mutter dem Kind ständig erklärt, auf welche Weise seine, des Kindes, verwerfliche Rede ihre Verzweiflung an der Welt verursache. Nicht nur der Penis des Vaters, der da jeden Freitagabend in das Kind gesteckt wird, stopft ihm das Maul, sondern, mehr noch, die herbeigeredete Gewissheit, dass das schon in Ordnung sei so und lediglich die im Kind vorhandenen Sätze von Richtig und Falsch, von Gut und Böse, von Dein und Mein dringend der Korrektur bedürften.

Ein Kind verstummt, und es ist, genau genommen, nicht so, dass die Sprache und die Erzählung aus ihm entfernt werden, paranoid abgesaugt, herausgeprügelt oder herausgefickt; sie werden vielmehr in Schachteln gepackt, verschnürt, versiegelt und in einem der hinteren cerebralen Archivräume abgelegt. Dort sind sie dann nur mittels spezieller Expertenmethoden zugänglich, therapeutisch oder literarisch.

Apropos literarisch: Was es in der ersten Vorlesung gegeben hat, darf in der zweiten nicht fehlen (da ich nicht nur zwänglich bin, sondern auch stabreimsüchtig, also ein alliterationsaffiner Anankast – quod erat demonstrandum) – hier jene poetologische Zwangslage, die Ihnen inzwischen klar geworden ist:

Über Kinder zu erzählen, denen die Sprache abhandengekommen, im Schrei explodiert oder zum Schweigen erstarrt ist, von dem zu erzählen, wofür diese Kinder im Augenblick keine Sprache besitzen, folgt einer (in diesem Rahmen zweiten) narrativen Notwendigkeit.

Was wurde eigentlich aus Hans mit der Trumhose? Geschichten wollen zu Ende erzählt werden; auch das hatten wir schon. Hans sprach ab Februar gar nichts mehr. Er trieb es nicht weiter, wie manche mutistische Kinder es tun, das heißt, er verkroch sich weder unter dem Tisch, noch begann er, dem Unterricht fernzubleiben. Er saß einfach da, schaute neutral in die Gegend, schrieb manchmal mit, manchmal nicht und sagte kein einziges Wort. Seltsamerweise akzeptierten wir das augenblicklich, so, als sei er von Anfang an stumm gewesen oder, als trage er etwas Abstand Gebietendes mit sich herum, eine Art Weihe. Nach den Osterferien war er dann jedenfalls endgültig weg, keiner wusste, wohin. Die Lehrerin schwieg und wir spekulierten, ob er eventuell in die Sonderschule nach Amstetten gewechselt hatte. Eine Weile schmiedeten wir Pläne, wie wir uns an die Grasmühle anschleichen würden, um herauszufinden, ob er noch dort wohne. Am Ende trauten wir uns dann doch nicht hin.
Heute denke ich, dass es wohl nicht die Lehrerin allein war, die Hans zum Verstummen brachte, sondern vermutlich auch sein Vater, der auf seinem Mopedanhänger immer wieder größere Mengen Doppelliterflaschen transportierte, manchmal gefüllt mit Wein, manchmal leer, und vielleicht auch die Mutter, die sich über die vielen roten Korrekturen in seinen Heften und über die Unfreundlichkeiten, die am Ende seiner Arbeiten zu lesen waren, garantiert mächtig aufregte.
Was mir zur Geschichte von Hans noch einfällt, ist, dass in einer ziemlich rezenten Studie Jugendliche mit einer Legasthenie eine signifikant höhere Suizidhäufigkeit aufweisen als andere – obwohl ich dieses dunkelgraue Assoziat gleich wieder wegschiebe und der Überzeugung bin, dass er es irgendwie geschafft hat und Mathematiker oder Ingenieur geworden ist.

Metaphorik ist in letzter Konsequenz immer Rekurs auf den Körper. Diesen Satz habe ich schon lange nicht gesagt. Es geht immer noch ums Verstummen, und ich begebe mich zurück an den Anfang, des Lebens nämlich.
Ein Kind ist da.
Ein Kind verstummt.
René Spitz, jener österreichisch-amerikanische Psychoanalytiker, den ich zuletzt im Zusammenhang mit seiner Arbeit zur Genese des kindlichen »Nein« erwähnt habe, befasste sich in den 1930er Jahren an der Wiener Kinderübernahmsstelle, einer Einrichtung für verwaiste, verlassene und verwahrloste Kleinkinder, mit den Beziehungsbedürfnissen des Säuglings. Er fand heraus, dass Babys, die zwar gefüttert, gewaschen und umgekleidet wurden, denen aber die Zufuhr von Emotion, Sprache und Sicherheit im Rahmen einer dialogischen Beziehung versagt wurde, einen Zustand entwickelten, der durch Rückzug, Kontaktverweigerung und Apathie gekennzeichnet war. Er nannte das Bild anaklitische Depression – eine Depression, die sich anlehnt.
Ein Kind ist da.
Ein Kind verstummt.
Manche Kinder hatten es schon sehr früh nicht gut, damals (heute kann das natürlich nicht mehr passieren!). Keiner sprach sie an, keiner grimassierte zurück, wenn sie grimassierten, keiner spielte mit ihnen »Kuckuck«. Aufgrund der Vorenthaltung protonarrativer Interaktion taten sie auf der Ebene, die ihnen zur Verfügung stand, auf der körperlichen, wovon hier die Rede ist, sie verstummten; manche von ihnen, die besonders vulnerablen oder die mit der besonders gefühlskalten oder interaktionsaversen Betreuungsperson, für immer.
So, jetzt hat sie sich doch eingeschlichen, die »sechste poetolo-

gische Grundfigur«; die ich vermeiden wollte; von der andererseits klar ist, dass man sie nicht vermeiden kann:

Ein Kind ist tot.

Ein Kind ist tot, ein ganz kleines vielleicht, drei Monate alt, Mitte der dreißiger Jahre des letzten Jahrhunderts auf seltsame Weise in sich hinein verstummt, keiner weiß, warum; oder vielleicht ein neunjähriger Bub, der einen saufenden Vater hatte, eine schwere Teilleistungsstörung und in einem Haus ohne Strom aufwuchs, aber das Ganze ist auch schon vierzig Jahre her.

Keine Sorge, angesichts des Kindstodes entspreche ich höchst zuverlässig dem Lieblingsvorurteil meines Sohnes und werde zum Eskapisten. Ich renne weg, ein wenig vielleicht wie dieses Huhn, dem meine Mutter den Kopf abgeschlagen hat, und möchte mit den toten Kindern, mit denen ich in meinem Leben schon konfrontiert war, nichts zu tun haben. Nach einer Weile halte ich an, mit Seitenstechen und außer Atem. Dann fällt mir dieser kleine Essay aus Roland Barthes' »Mythen des Alltags« ein und ich werde ruhiger. Von dem Aufsatz, der »Schockphotos« heißt, in dem Barthes über eine Fotoausstellung im Musée d'Orsay schreibt, die sich das Grauen zum Thema macht, sind meines Erachtens nur die ersten beiden Seiten wichtig; genauer: nur ein paar Sätze aus den ersten beiden Seiten. Die sind für mich allerdings zur poetologischen Gebrauchsanweisung geworden, ex negativo.

Keine dieser allzu geschickten Aufnahmen macht uns wirklich betroffen. Das ist darauf zurückzuführen, dass wir ihnen gegenüber jedes Mal unserer Urteilskraft beraubt sind. Man hat für uns gezittert, hat für uns nachgedacht, hat an unserer statt geur-

teilt. Der Photograph hat uns nichts weiter gelassen als das Recht der geistigen Zustimmung.

Damit ist eigentlich alles gesagt. Dass das Erzählen über Kinder gelungen ist, erkennt man daran, wenn sich der Zuhörer oder Leser plötzlich mit sich selbst als Kind konfrontiert, wenn er wieder wissen will, wie er als Kind geurteilt oder nachgedacht hat, wenn er es riskiert, ein wenig von seinem Zittern als Kind zu spüren (um in der Paraphrase des Zitates zu bleiben). Das erreicht man unter anderem, indem man rechtzeitig auf Distanz geht. In der Beziehung zum realen Kind gibt es ja auch kaum etwas Unsinnigeres als diese sogenannte Begegnung auf Augenhöhe. Kinder sind Realisten und identifizieren augenblicklich das Artifizielle, also Anbiedernde, an dieser Geste. Das Kind will seiner Urteilskraft nicht beraubt werden, und der Leser will es auch nicht.

Distanz. Nur nicht zu viel Beschreibung. Im Erzählen über Kinder ist in gewissen Situationen sogar der Rekurs auf das Körperliche zu viel.

Ein Kind ist tot. Das reicht.

Ein Kind schreit.
Ein Kind verstummt.
Ein Kind ist tot.

Der zweite Teil dieser Poetikvorlesungen bedeutet eine Zumutung, die letal endet. Literatur muss manchmal genau das sein, das Schreiben über Kinder erst recht.

Coda:

Der Körper steht im Titel, das Erzählen ist Thema und »Man selbst als Kind« war das Stichwort. In welchem Ausmaß meine

Eltern mit mir als Säugling protonarrativ interagiert haben, weiß ich nicht; dass meine Mutter mit mir »Kuckuck« gespielt hat, ist sehr wahrscheinlich; dass mir mein Vater Geschichten erzählt hat, unstrittig.

Eine meiner Lieblingsgeschichten war die vom Fleischwolf. Sie hat zwar mehr als drei Worte, ist aber trotzdem sehr kurz.

Mein Vater hatte einen Zwillingsbruder, mit dem er, wie es bei Zwillingspaaren manchmal so ist, eine Zeitlang alles teilte: die Kleidung, das Bett, die Freunde, die Schulklasse. Auf dem Weg von der Schule nach Hause fand der Bruder meines Vaters am Straßenrand einen Fleischwolf, eine massive Stahlschnecke mit Griff dran. Warum das Ding dort lag, wusste keiner; haben wollten es jedenfalls beide. Der Bruder meines Vaters dachte nicht ans Teilen und lief davon, mein Vater hinterher. Zu Hause, vor dem Tor, hielt der Bruder an und schwang drohend den Fleischwolf über dem Kopf. »Traust du dich nie!«, sagte mein Vater. Der Bruder traute sich doch und haute ihm den Fleischwolf über den Schädel. Das Blut strömte, mein Vater musste zum Arzt gebracht und genäht werden, und sein Bruder schaute zu. Was mit dem Fleischwolf passiert war, wusste mein Vater nicht mehr.

Ich habe diese kleine Geschichte erzählt, weil sie, erstens, auf den kommenden letzten Teil meiner Selbstbeforschung hinweisen soll, in dem es um die Geburt von Lektüre und eigenem Schreiben gehen wird, weil sie, zweitens, eine Antwort auf die poetologische Zentralfrage: Erzählst du mir etwas? ist, und, drittens, einfach aus Symmetriegründen: Mit abgeschlagenen Köpfen habe ich heute begonnen, mit einem aufgeschlagenen Kopf schließe ich. Der kostet nicht das Leben.

Krieg der Knöpfe –
der Kampf um die Sprache, andere sprechen lassen

Sehr geehrte Damen und Herren, man wird so allerhand im Leben, Sie kennen das, einiges, das man sich selbst zugedacht oder ausgesucht hat – Literaturwissenschaftler zum Beispiel, Kinderpsychiater, Lokomotivführer, Vater oder Architekt, und manches, das einem widerfährt, das, umgekehrt, sich einen ausgesucht hat – Österreicher, Schweizer, Bergbauer, Diabetiker, Vater oder Schriftsteller. Ich bin in den letzten Wochen etwas geworden, zu dem Sie mich gemacht haben, Sie, die Sie mich eingeladen, und Sie, die Sie mich durch die Auszeichnung Ihrer Anwesenheit veranlasst haben, wiederzukommen – ein Reisender. Ich weiß, andere, für die der Luftraum zwischen Zürich und Wien oder der Nachtexpress »Wiener Walzer« zum Leben gehören wie für mich meine Kaffeetasse oder mein Bleistift, werden das ein wenig lächerlich finden, aber ich habe gestern Abend meine schwarze Pilotentasche, die alles fasst, was ich brauche, die trotzdem als Bordgepäck durchgeht, in einer derartigen Routine gepackt, als ginge das jetzt noch ewig so weiter: Zahnpasta, Socken, Hemd, Deo, Bic-Rasierer – Sie können es sich vorstellen; den Schirm nicht zu vergessen, den Knirps, der immer dabei ist, denn mein Vater war ein ängstlicher Mensch, aber darauf komme ich vielleicht später noch zurück. Sie werden jetzt sagen, nach der Kopfverlust-Geschichte vom letzten Mal und nach dem Verweis auf die Bedeutung des Namenspatrons dürfe ich mich nun wirklich nicht wundern, sei doch gerade Paulus von Tarsus in erster Linie ein Reisender gewesen. Ich gebe Ihnen einerseits recht, andererseits richte ich mich auf, blicke tapfer dem Schmerz des bevorstehenden Abschiedes in die Augen und sage kinderpsychiatrisch brutal: Nein, manchmal muss, wo Magie war, Realität werden. Zürich poetologisch auf ewig, das Hotel Kindli jeden Donnerstag – das wäre Magie. Realität ist anderes.

Bevor ich mich real verabschiede, pflege ich meine Taschen zu leeren, buchstäblich und metaphorisch; das bedeutet einerseits immer, dass ich eine Kopfwehtablette finde, die ich nicht geschluckt habe (obwohl meine Frau mich für schwer schmerzmittelabhängigkeitsgefährdet hält, verhält es sich mit dem Parkemed genauso wie mit dem Knirps; man steckt es ein, um es möglichst nicht zu verwenden), andererseits stoße ich genauso zuverlässig auf etwas, das ich nicht vergessen wollte, auf einen Knoten im Taschentuch oder, symbolisch, auf einen dieser kleinen quadratischen Notizzettel, die man dabeihat, um sie unbedingt irgendwohin zu heften. Ich habe so einen Zettel gefunden, zerknüllt, darauf zwei Namen, die ich von Anfang an irgendwo anbringen wollte. Da sie in meiner poetologischen Wundermaschine keinen logischen Platz gefunden haben, tu ich es jetzt und hefte sie Ihnen einfach vor die Nase; nach geköpften Hühnern und Knaben, die Gewehre abfeuern, kann mir ohnehin nichts mehr passieren, denke ich.

Ein Zettel. Zwei Namen. Ben und Valentin.

Ein Kind ist da. Ben ist fünf Jahre alt. Er hat Mutter und Vater, ziemlich ordnungsgemäß, eine jüngere Schwester und zwei Katzen. In der Beziehung zu mir helfen Katzen, Sie wissen es. Ben geht seit zwei Jahren in den Kindergarten; er kann Rad fahren, ohne Stützräder, auch mit nur einer Hand am Lenker, er kann klettern wie nur was und er kann schwimmen, ohne Schwimmhilfe. Die meisten anderen Fünfjährigen können das nicht.

Ben kann nicht sprechen. Es ist nicht so, dass er eine Artikulationsstörung hätte oder einen eingeschränkten Wortschatz; es hängt auch nicht an seinem Hörvermögen, im Gegenteil, Ben hört wie ein Luchs. Er findet die Worte nicht, das ist es; er sucht, das steht ihm ins Gesicht geschrieben, er sucht verzweifelt und findet, egal, ob er eine Person benennen möchte, einen Gegenstand, ein Tier, eine Tätigkeit oder einen Gemütszustand, immer nur das Gleiche: »Amamamam«, jenes alliterative Lautstereotyp, mit dem wir alle einmal begonnen haben. Ein Kind spricht. Am Anfang »Amamamam«, bald viel mehr. Ben spricht nicht. Das heißt, er hat nicht gesprochen, bis vor kurzem. Die Kinderpsychiatrie ist eine multiprofessionelle Disziplin, was bedeutet, dass der Kinderpsychiater davon lebt, dass er von klugen Menschen aus anderen Sparten umgeben ist. In meinem Fall ist einer davon Nora. Nora ist Logopädin; sie liebt das Theater und ist es auch sonst gewohnt, über den Tellerrand ihres Faches hinauszudenken. »Unsere Sprache kann er nicht«, sagte sie, nachdem sie sich eine Weile mit Ben beschäftigt hatte, »also bringen wir ihm eine andere bei.« »Englisch vielleicht?«, fragte ich und Nora blickte mich so strafend an, wie nur sie es kann. Ben lernt nun seit eineinhalb Monaten Gebärdensprache, genauer: er lernt seine Gebärdensprache, zum größeren Teil angelehnt an jene der Gehörlosen, zum anderen eine Privatsprache, genau so, wie Nora und er sie sprechen wollen. Ben lernt rasch und von der völligen Unmöglichkeit, Begriffe zu bilden und die Dinge beim Namen zu nennen, ist nichts mehr zu sehen, seitdem er die Freiheit hat, dafür Hände und Füße zu verwenden.
Ein Kind erzählt. Ben erzählt, holprig und unter sichtlicher Anstrengung, aber wenn er merkt, dass man ihn verstanden hat – er hat einen Polizisten (Zeigefinger vor der Stirn) in ei-

nem Auto (lenkende Hände) mit Blaulicht (über Kopf kreisender Finger) ganz schnell fahren (Hand rasch nach vorn gestreckt) gesehen –, dann wirkt er richtig glücklich. Unlängst war Ben im Zoo. Nora war dabei, und sie haben allerhand neue Wörter gelernt, zum Beispiel Giraffe (Arm hinter dem Kopf nach oben), Elefant (Arm wie ein Rüssel) oder Ziege, Antilope, Gnu (alle gleich, beide Zeigefinger wie Hörner am Kopf). Das hat er mir alles erzählt, und am Ende hat er die Gebärde für Katze (mit den Fingern den Schnurrbart andeutend) und dazu ein böses Gesicht gemacht. Ich habe daraufhin, zugegebenermaßen ein wenig gedankenlos, gesagt: »Aha, eine böse Katze habt ihr auch gesehen.« Er hat den Kopf geschüttelt, mich strafend angeblickt wie sonst Nora und laut und deutlich gesagt: »Öwe.« Der Löwe. Natürlich.

Ben kann lautsprachlich inzwischen »Hase«, »Zist« (für Polizist), »Atze« (für Katze), »Unga« (für Hunger) und noch einige andere Wörter sagen. Wir sind immer noch sehr überrascht, doch es scheint sich zu verhalten wie mit einer Prothese: Kaum ist das amputierte Bein substituiert, kann auch das gesunde wieder viel besser eingesetzt werden. Geste und Gebärde bahnen die Begriffsbildung; was um ein Ding oder um ein Ereignis an motorischem, gestischem, mimischem Sub- und Paratext kumuliert, fördert dessen sprachliche Inbesitznahme. Man könnte auch sagen, dass die Geschichte von Ben ein sozusagen aus der Gegenrichtung erbrachter Beweis für die Richtigkeit des sich ein wenig aufplusternden Satzes vom letzten Mal ist: Metaphorik ist in letzter Konsequenz immer der Rekurs auf den Körper. Der Rekurs auf den Körper ermöglicht die metaphorisch-sprachliche Erschließung der Welt, für Ben jedenfalls. (Sie haben Derartiges mit Sicherheit längst erwartet.) So nebenbei sieht man an Ben übrigens auch, dass Sprachen einander ganz und gar nicht behindern oder die Menschen in Verwirrung stürzen – ganz im Gegenteil; so etwas in der Schweiz zu sagen, ist ohnehin fast eine Beleidigung.

Ein Kind ist da, ein anderes. Valentin ist dreizehn und hat ein Moebius-Syndrom. Das hat mit den Moebiusbändern, die Sie wahrscheinlich alle kennen, nur insofern zu tun, als deren Beschreiber, der Mathematiker und Astronom August Ferdinand Moebius, der Großvater jenes Nervenarztes, Paul Julius Moebius, war, nach dem das Moebius-Syndrom benannt wurde. Es handelt sich dabei um eine angeborene totale beidseitige Gesichtslähmung, also um einen Komplettausfall der mimischen Muskulatur. Dass zusätzlich kein Lidschluss möglich ist, ist ein rein funktionelles Problem, das die Betroffenen in der Regel leichter in den Griff bekommen.

Valentin hat jede Menge sozialer Schwierigkeiten. Deretwegen ist er an der Kinderpsychiatrie. Er schließt sich ab, er hält sich an keine Regeln, er hört nicht zu, er streitet ununterbrochen; die geringste Kleinigkeit bringt ihn zum Schreien oder zum Verstummen. Valentin kann nicht fröhlich schauen, nicht traurig, nicht empört, nicht interessiert, nicht wütend, nicht angewidert, nicht auffordernd, nicht Kontakt suchend, nicht ängstlich, nicht frech. Er ist überhaupt nicht in der Lage, »irgendwie« zu schauen. Er schaut immer gleich; wie eine Maske, starr, flach, gleichgültig – Letzteres ist eine Interpretation und daher in Wahrheit unzulässig. Dass ein Mensch, der ohne Mimik aufwachsen muss, soziale Probleme bekommt, ist leicht verständlich. Selbst die Mutter tut sich schwer mit der Interpretation der Bedürfnisse und Emotionen ihres Kindes, erst recht ihm nicht so nahestehende Personen. Die Grunderfahrung, die Valentin macht, ist: Ich bin da und werde nicht verstanden. Ich versuche meine Sehnsüchte und Gefühle in die Welt zu werfen und die Welt wirft sie mir unreguliert zurück. Kompensatorisch tut er das Nächstliegende – Ihnen allen ist es vermutlich klar: Er spricht. Er nützt seine allgemeine und sprachliche Intelligenz und bezeichnet die Welt auf Teufel komm raus, vielfältig, punktgenau und grammatikalisch makellos – gewissermaßen eine ideale semiotische Maschine, ein sauberer Textgenerator. Am Gehalt seiner Basiserfahrung ändert sich freilich wenig: Ich bin da, ich spreche und werde nicht verstanden. Kinder mit Mentalisierungsdefiziten (Mentalisierung: Sie erinnern sich an Helene aus der ersten Vorlesung, an das nicht zweijährige Mädchen, das den Holzschneemann benennt, um im Zuhörer Begeisterung hervorzurufen), Kinder mit Mentalisierungsdefiziten, also Kinder, denen es nicht möglich gemacht wurde, sich die Gedanken, Wünsche und Gefühle anderer Menschen vorzustellen, weil sich, umgekehrt, niemand ihre eigenen Gedanken, Wünsche und Gefühle vorstellen konnte, können sich nicht verständlich machen. Kinder, die in uns Chucky-Assoziate erzeugen, die sich verhalten wie eigensinnige böse Sprechpuppen, finden schwer jemanden, der sich mit ihnen unterhält. Valentins Versuch, die Dinge durch hochperseveratives Besprechen in den Griff zu bekommen, sein manisch vorgetragener Text, ging bis dato weitgehend ins Leere, blieb ein paratextuell dürftig ummanteltes Surrogat und wurde nicht, was er immer schon sein wollte – Erzählung. Ich denke, und es sei mir erlaubt, kurz innerhalb des eigenen Systems zu argumentieren, es geht schlicht darum, sich auf diesen Buben mit seinem ein wenig extraterrestrisch anmutenden Gesicht einzulassen und ihm endlich die – poetologisch zentrale – Frage zu stellen: »Soll ich dir etwas erzählen?«, dies am besten so lange, bis er seinerseits komplementär rückfragt: »Erzählst du mir etwas?«

Zwei Namen auf einem symbolischen Zettel. Ben. Valentin. Der Zettel ist abgeheftet. Zwei Kinder waren da. Zwei Kinder, die, jedes auf seine Weise, um das Erzählen kämpfen; zwei Kinder, die – auch ein wenig Pathos sei mir am Ende erlaubt – um ihr Leben erzählen.

Das Einzige, worauf man sich wirklich verlassen kann, ist das Unbewusste. Das haben Sie hier schon einmal gehört. Ein Poststrukturalist würde vielleicht sagen, das Einzige, worauf man sich wirklich verlassen könne, sei der Text, und vor allem angesichts der Unschärfe beider Begriffe – das Unbewusste, der Text – gäbe es da glücklicherweise einen gehörigen Bereich der Überlappung. Unterschiedlich sehen würden wir, der Poststrukturalist und ich, die Gewichtung der Rolle des Autors. Egal, mein Unbewusstes oder der poststrukturalistisch aufgefasste und dadurch von mir, dem Autor, befreite Text hat uns an die zweite meiner Poetikvorlesungen herangeführt, genauer: an jene Frage, die ich – vor vierzehn Tagen – die zweite poetologische Zentralfrage genannt habe: Erzählst du mir etwas? Gemeinsam mit der ersten – Soll ich dir etwas erzählen? – formt sie sich zu einem Gebilde zweier einander je vervollständigenden Komplemente, zu einer Art platonischem Kugelwesen. Dieses Fragenpaar stellt das eine zentrale Element der ontologisch-poetologischen Systematik dar, die ich als Antwort auf die Frage, wie es sich mit der Beziehung zwischen Kindern und dem Erzählen denn so verhalte, zu skizzieren versucht habe. Das andere sind jene kurzen Sätze, die ich poetologische Grundfiguren genannt habe. Sechs habe ich bis jetzt gefunden, drei entlang der Sprach- und Denkentwicklung eines Kindes:

Ein Kind ist da.
Ein Kind spricht.
Ein Kind erzählt.

Drei anhand möglicher Irritationen und Entgleisungen im Sprechen und Erzählen:

Ein Kind schreit.
Ein Kind verstummt.
Ein Kind ist tot.

So nebenbei habe ich – das dritte Element meiner kleinen Systematik – zwei poetologische Zwangslagen formuliert, zwei narrative Notwendigkeiten. Erstens, über Kinder zu erzählen, die noch keine Sprache besitzen, und über Kinder, die sich noch nicht erinnern können. Zweitens, über Kinder zu erzählen, denen die Sprache abhandengekommen ist, was gleichbedeutend ist mit der Notwendigkeit, von dem zu erzählen, wofür diese Kinder im Augenblick keine Sprache besitzen.

Ein Kind ist tot. Mit dieser Figur, die uns alle ein wenig unfroh macht, habe ich zuletzt aufgehört. Zwei Kinder erzählen um ihr Leben. Dort waren wir vor einer Minute. Die Dinge passen doch zusammen.
Kinder erzählen um ihr Leben. Vor zwei Wochen – manche von Ihnen werden sich vielleicht erinnern – habe ich ganz am Ende, einerseits, um Sie nicht mit einem toten Kind allein zu lassen, andererseits, um die Metapher des bedrohten Kopfes noch einmal aufzunehmen, jene Geschichte erzählt, in der zu Beginn der Zwillingsbruder meines Vaters am Wegrand einen Fleischwolf findet und am Ende denselben ihm, meinem

Vater, auf den Schädel haut. Blut fließt, es geht ums Ganze, ums Leben, wenn man so möchte. In den Geschichten meines Vaters ging es immer ums Ganze.
Eine kurze Parenthese, weil die Angelegenheit so klar ist und daher nicht zu warten braucht:
Häufig geschieht es, wenn die Eltern an der Bettkante sitzen und das Kind unter der Decke steckt; manchmal, wenn alle um den Tisch versammelt sind; öfter, als man glaubt, im Auto – auf der Fahrt in den Urlaub oder zur Geburtstagsfeier der fürchterlichen Tante: Angeregt durch poetologische Zentralfragen, oder einfach so, beginnen Mütter oder Väter zu erzählen und ein Kind tut, was hier zwangsläufig die »siebente poetologische Grundfigur« heißen muss – es hört zu.

Ein Kind hört zu.

Mein Vater ist kaum jemals an meinem Bett gesessen, bei Tisch wurde gegessen und im Auto musste er sich in erster Linie aufregen. Die Geschichten meines Vaters habe ich vor allem im Gehen gehört, auf Bergwanderungen, auf Sonntagsspaziergängen, und der peripatetische Duktus gehörte zu ihnen wie der Rahmen, in dem sie angesiedelt waren – im Dorf.
Jede der Geschichten meines Vaters hat mit einer Skizze des Dorfes begonnen. Das Dorf, in dem er aufwuchs, Seisenegg, hatte alles, was man sich von einem Dorf erwartet: ein Wirtshaus, ein Feuerwehrdepot, eine Greißlerei (das ist österreichisch und meint einen winzigen Einzelhandelsladen), einen Teich, eine Straßenkreuzung, einen Landmaschinenmechaniker. Die Greißlerei wurde übrigens vor einigen Jahren durch einen Swingerclub ersetzt, was hinsichtlich der Nahversorgung der Bevölkerung keinen realen Zugewinn bedeutet. Zwei

Dinge zeichneten Seisenegg gegenüber anderen Dörfern aus: Erstens gab es dort eine echte Burg mit Burgfried, Graben, Verlies, freskengeschmückter gotischer Kapelle und Kanone samt Steinkugeln im Hof. In der Burg wohnte eine echte Baronin, die zwar meistens eine verwaschene Handwerkerbluse trug, zu der man trotzdem »kaiserliche Hoheit« sagte. Zweitens hatte in der Burg Seisenegg dereinst (im 17. Jahrhundert) Catharina Regina von Greiffenberg gelebt, Österreichs bedeutendste Barockdichterin. Sie hatte in ihren Gemächern ein pietistisches Sonett nach dem anderen verfasst, was vermutlich nicht zu einem glücklicheren Leben ihrerseits führte, später jedoch nach und nach zu einer nennenswerten Zahl germanistischer Diplomarbeiten. Ob Catharina Regina von Greiffenberg-Seisenegg irgendetwas mit dem Erzählen meines Vaters oder mit meinem Schreiben zu tun hat, kann ich nicht sagen, aber, wie wir wissen, ist auf das Unbewusste Verlass. Um da intertextuell etwas zu finden, bedürfte es eines wirklich gewieften Poststrukturalisten, wage ich zu behaupten.

Ein Kind hört zu. Wir durchschritten die Landschaft und mein Vater erzählte: von seiner großen Schwester, Poldi, die den Leiterwagen mit den Zwillingsbrüdern den Abhang runtersausen ließ, bis er sich überschlug; von den verschluckten Kirschkernen, die bei ihm einen Blinddarmdurchbruch hervorriefen; und von ihrem Freund Bert, der beim Versuch, es im Winter den Männern, die fürs Kühlhaus Blöcke aus der Eisdecke sägten, gleichzutun, im Teich einbrach und beinahe ertrank. Er erzählte von dem britischen Spitfire-Jagdflugzeug, das unvermittelt über der Wiese auftauchte und – per Spaß, wie er immer wieder sagte – auf ihn und seinen Bruder runterschoss, von dem russischen Soldaten, dem sie, weil er unter einem Zwetschkenbaum eingeschlafen war, das Sturmgewehr

versteckten, und davon, wie ihr kleiner Hund von einem großen schwarzen Cabrio mit SA-Offizieren überfahren wurde. Mein Vater erzählte diese Geschichten, als wären sie Abenteuergeschichten, und ich hörte zu.
Ein Kind hört zu. Wenn Kinder zuhören, folgen sie der Handlung einer Geschichte, sie stellen sich die Figuren vor und hoffen auf ein glückliches Ende. Wenn Kinder zuhören, erfassen sie – auf das Unbewusste ist Verlass – genauso all jene Dinge, die höchstens zum Teil in den Sätzen stehen – Stimmungen, den affektiven und politischen Hintergrund, implizite Absichten und das, was nicht gesagt werden kann.
Wenn mein Vater seine Geschichten als Abenteuergeschichten erzählte, erzählte er von seiner Angst. Das habe ich im Lauf der Zeit verstanden, obwohl er es nie zugegeben hätte. Ich verstand es aus der offenkundigen Notwendigkeit, ausschließlich von Szenarien vitaler Bedrohung zu berichten; aus der Häufigkeit und Eindringlichkeit, in der er von den Verdunkelungen während des Krieges sprach, davon, dass der Nachbar, der ein einziges Fenster erleuchtet gelassen hatte, denunziert und ins KZ nach Dachau deportiert wurde; ich verstand es am Ende aus mir selbst, aus der Angstlust, in der ich all diese Geschichten immer wieder von ihm hören wollte, zwei von ihnen ganz besonders: die Geschichte vom Taschentuch und die vom Furunkel.
Die Geschichte vom Taschentuch, die ich andernorts auch erzählt habe und die ein wenig paraphrasiert im ersten Kapitel meines Romans »Über die Chirurgie« vorkommt, ist implizit die Geschichte der ersten und einzigen Tracht Prügel, die mein Vater von seinen Eltern erhielt, aber diesen Aspekt hat er immer nur angedeutet. Im April 1938, mein Vater war noch keine sechs Jahre alt, zog er mit seinem Bruder und seinen Freun-

den durch den Park unterhalb der Burg. Da sie jüngst erst Soldatenkolonnen gesehen hatten, wussten die Buben, dass sie in Reihe zu marschieren hatten, und da sie vermutlich auch HJ-Aufmärsche gesehen hatten, wussten sie, dass da noch etwas fehlte. Einer von ihnen nahm einen Stock vom Boden auf, und bei einem anderen fand sich ein Taschentuch, das drangeknüpft wurde. Dieses rot geränderte Taschentuch wurde als Fahne vorangetragen, dazu skandierten die Buben: »Heil Schuschnigg! Heil Schuschnigg!« Sie paradierten so lange zwischen den Douglasien und Wymouthkiefern, bis die Wirtin des Dorfes daherstürzte, sie anbrüllte, sie sollten auf der Stelle das Maul halten, und nach Hause scheuchte.

Die Geschichte vom Furunkel spielt knapp vier Jahre später und ist ganz kurz. Im April 1942 tauchten in der Volksschule, die mein Vater besuchte, Männer in dunklen Mänteln auf, um Zöglinge für die nationalsozialistische Erziehungsanstalt, die NAPOLA, zu rekrutieren. Mein Vater war, wie sein Bruder, dunkelblond, klug und sportlich, und beide wurden von der Lehrerin angewiesen, zur näheren Prüfung vorzutreten. Glücklicherweise war meinem Vater in den Tagen davor, vermutlich infolge eines Insektenstichs, im Nacken ein Furunkel erblüht, eine mächtige, schmerzende Eiterpustel, die ihn dazu veranlasste, den Kopf schief zu halten. Schüler, die den Kopf schief hielten, kamen für die Kaderschmiede der Nazis nicht in Frage. Ihre Brüder auch nicht. So ein Glück.

Ein Kind hört zu. Was ich hörte, wenn ich den Geschichten meines Vaters lauschte, war – noch einmal –, dass es in ihnen ums Ganze ging, obwohl er sie explizit als weitgehend angst- und bedrohungsfreie Abenteuergeschichten erzählte. Was ich hörte, war, dass es nicht viel gebraucht hätte, ein Denunziantenohr vielleicht, und keiner weiß, was den Eltern der »Heil

Schuschnigg!« rufenden Buben passiert wäre. Ein wenig später wurde der verdunkelungsnachlässige Nachbar jedenfalls ins KZ geschickt, das weiß man. Was ich hörte, war, dass es nicht viel gebraucht hätte, eine rechtzeitig auf den Nacken geschmierte Zugsalbe oder einen um einige Tage verschobenen Zeitplan der Casting-Agenten mit den Hakenkreuzbinden, und mein Vater und sein Bruder wären in der nationalsozialistischen Cerebralwaschmaschine gelandet.

Im Zuhören begann ich die poetologische Notlage meines erzählenden Vaters zu erahnen. Im Immer-wieder-hören-Wollen begann irgendetwas in mir zu verstehen, dass es nicht so sehr um eine projektive Verlagerung abgewehrter Affekte ging, mit anderen Worten, nicht darum, die Angst, die er selbst möglicherweise nicht oder nicht zur Gänze zu fühlen vermochte, nun meinerseits zu empfinden, sondern darum, mit ihr eine Geschichte zu vervollständigen. Eine narrative Leerstelle war zu füllen; einer Erzählung war, wie einem Buch der Umschlag, die letzte paratextuelle Ummantelung zu geben, so lautete der unausgesprochene väterliche Auftrag.

Ich mache die Geschichte meines Vaters zu meiner eigenen und gebe ihr, was ihr zum Ganzen fehlt. Indem ich verstehe, dass es in ihr ums Ganze geht, im doppelten Wortsinn, nehme ich sie in meinen narrativen Container auf und erzähle sie mir selbst zu Ende. Somit kommunizieren in Wahrheit zwei Geschichten, zwei Texte, der Autor löst sich auf. Der Poststrukturalist links neben mir frohlockt.

Anstelle derjenigen zu erzählen, die uns zu Erzählern gemacht haben, von dem zu erzählen, wofür sie selbst keine Sprache besitzen, folgt einer (in diesem System der dritten und letzten) narrativen Notwendigkeit. Die eher anankasmusaversiven Menschen unter Ihnen atmen erleichtert auf.

Narrative Notwendigkeit. Eine Abschweifung, die sein muss. Eine Art Eskapismusvermeidungsexkurs:
Dass die Kindheitsgeschichten meines Vaters zu einer der Hauptquellen meines eigenen Erzählens über Kinder wurden, liegt auf der Hand. Bei meiner Mutter verhält es sich anders. Meine Mutter ist eine Verstummte, zumindest eine Partialverstummte. Für die eine karge Geschichte, an die sie sich ihr Leben lang heranerzählt hat, haben ihre Worte nie ausgereicht. Sie handelt von einem Menschen, der schreit, und von einem Kind, das tot ist. Meine Mutter hatte sieben Schwestern und einen Bruder. Der Bruder, der ausersehen war, den elterlichen Bauernhof zu übernehmen, wurde, siebzehnjährig, im Herbst 1944, zur deutschen Wehrmacht eingezogen. Wenige Monate später kam ein Brief mit einem runden Stempel drauf. Ihr Vater sei in der Stube gestanden und habe geschrien, erzählte meine Mutter, so laut wie nie zuvor und niemals danach. Auf die Frage, was passiert sei, sagte uns meine Mutter, ihr Bruder sei gefallen, und auf die Frage, wie, sagte sie nur: Einfach gefallen. Als wir uns nach einiger Zeit mit dieser euphemistischen Standardumschreibung des Kriegstodes nicht mehr zufriedengeben und Details wissen wollten, sagte sie, es sei ein Bauchschuss gewesen. Erst vor vielleicht zehn Jahren erzählte sie mir – ein einziges Mal, danach nie wieder –, was wirklich geschehen war; – sie mit ihrer Fähigkeit, Hühner zu dekapitieren, mir mit meinem Namenspatron. – Ein Novembertag im Rheinland. Eine französische Artilleriegranate. Der Kopf des Bruders. So war es.
Exkurs Ende.

Was tun Kinder, wenn sie es wie damals mein Vater, sein Bruder und ihre Freunde den Männern in ihren dicken Jacken nachmachen wollen und versuchen, Blöcke aus dem Eis des

Teiches zu hacken? Was tun Kinder, die einem schlafenden Soldaten das Gewehr abnehmen, auf Bäume zielen und »Peng, peng« machen? Was tun schließlich sechsjährige Buben, die mit einem rot geränderten Taschentuch an einem Stock als Fahne und mit den falschen Vokabeln im Mund wie die Hitlerjugend durch den Park marschieren? Sie tun das Gleiche wie die zweijährige Helene, die mit ihrem Stofftiger unter dem Arm allein auf die Straße geht, in der Gewissheit, dass die Mutter nicht verschwindet und stirbt, sondern sich nur hinter ein paar Türen befindet; sie tun das Gleiche wie der fünfzehnjährige Counter-Strike-Freak, der vor seinem Bildschirm sitzt und, den Blick über dem Lauf einer Waffe, darauf wartet, dass an der nächsten Ecke der Feind auftaucht. Sie »tun, als ob«, sie übertragen auf eine bestimmte Situation eine Bedeutung, die sie in der Realität ihres Lebens nicht oder noch nicht besitzt. Übertragen heißt auf Griechisch »meta pherein« (hinübertragen), und folgerichtig heißt die Übertragung von Bedeutung immer schon Metaphorik. (Nicht schon wieder, höre ich Sie denken, aber das muss leider sein.)
Die dargestellte Art der angewandten Metaphorik – ich kann schon ganz allein auf die Straße gehen; ich kann schon Eis brechen; ich bin schon ein echter, großer Nationalsozialist – nennt man im Allgemeinen, und das wird Sie jetzt nicht überraschen – Spiel. Spiel ist das Agieren in einem Als-ob-Modus; Spiel ist das Durchimaginieren einer möglichen Realität in der Handlung; Spiel ist, noch einmal, angewandte Metaphorik. Womit wir bei der logischen Konsequenz wären – endlich! –, das uns allen zutiefst Vertraute als »achte poetologische Grundfigur« zu enthüllen:

Ein Kind spielt.

Kinder spielen. Mit anderen Worten, Kinder beherrschen das, was eben so sperrig geklungen hat, angewandte Metaphorik, in einer ziemlich glatten und selbstverständlichen Weise. Kinder übertragen Bedeutung, von der Realität auf ein Schachbrett oder ein Fußballfeld, in einen Puppenwagen oder auf ein Kleid der Mutter, auf einen Bildschirm oder in eine Rolle, die sie gerade einnehmen. Kinder tun damit, wozu das Spiel da ist, sie etablieren und festigen Identität – die Idee von einem einigermaßen ebenen und tragfähigen Platz in der Welt. Das trifft übrigens hundertprozentig auch auf die spezifische Notlage zu, der wir Erwachsene, die wir mit Kindern zu tun haben, uns manchmal gegenübersehen und die wir »Doktor spielen« nennen, weil wir die Vorstellung besser aushalten, dass es ausschließlich um die naturwissenschaftliche Erforschung der Genitalien des jeweils anderen Geschlechtes durch Nachwuchsgynäkologen oder -androloginnen geht, und nicht um das spielerische Ausprobieren ihrer widmungsgerechten Anwendung. »Sex spielen« hat mit »Sex haben« nur zum Teil zu tun und dient, noch einmal, der Etablierung von Identität, genauso wie mit Puppen spielen oder World of Warcraft.

Kleine Soldaten. Doktor. World of Warcraft. Alles Spiel? Wenn man jemandem kurz und bündig vor Augen führen will, was Spiel ist, lässt man ihn am besten einen Blick in die Fachliteratur tun.

Im letzten Abschnitt von Mark Twains Roman »Huckleberry Finn« sitzt Hucks Freund Jim ziemlich elend in einem Holzverschlag – ein eingefangener entflohener Sklave, der er aber in Wahrheit gar nicht mehr ist, weil ihn Miss Watson, seine Besitzerin, per Testament längst aus der Sklaverei entlassen hat. Trotzdem graben Tom und Huck unter größten Anstrengungen einen Fluchtweg aus der Hütte, ja, sie sägen sogar mühsam

den Bettpfosten durch, an dem Jims Kette hängt, obwohl es viel logischer gewesen wäre, das Bett einfach hochzuheben und dann durch die Tür hinauszugehen. Sie machen das, weil es so gehört, weil man einen Freund nur unter Schweiß und Tränen befreit. Sie gehen den Weg des Spieles und der ist eben nicht immer jener des geringsten Widerstandes.
Pippi Langstrumpf, nur ganz kurz, obwohl uns allen klar ist, dass man sie zum Thema Spiel in abendfüllendem Umfang zitieren könnte. Pippi pflegt die Kunst des reinen Spieles, das heißt, sie tut ständig Dinge, bei denen man Realitätsbezug oder gar etwas wie Nützlichkeit auch auf den zweiten Blick nicht wahrnimmt. Ich habe am liebsten »Boden nicht berühren«. Sie kennen es: Die Aufgabe ist, sich unter Benützung aller möglichen Hilfsmittel, vor allem der Möbel, durch den Raum zu bewegen, ohne Kontakt zum Boden herzustellen. »Boden nicht berühren« – damit drückt Pippi aus, was im Leben manchmal viel wichtiger ist als eine breitflächige Beziehung zur Realität – abzuheben, zu schweben, von einem Punkt zum anderen zu fliegen. Darüber hinaus ist »Boden nicht berühren« Spielen spielen, also auf die Spitze getriebene Metaphorik, aber damit sind wir schon wieder bei diesem schwierigen Wort.

Apropos abheben, schweben, von einem Punkt zum anderen fliegen. In einer Poetikvorlesung sei einem das ab und zu gestattet. Pippi Langstrumpf, Huckleberry Finn – wir sind ohnehin beim Thema.
Stellen Sie sich eine Situation vor, die Sie alle kennen: Es ist Abend. Die Eltern haben das Zimmer verlassen, endlich. Das Kind liegt im Bett, eingehüllt in die Decke, imaginiert sich eine Höhle herbei oder hat sich tatsächlich eine gebaut. Das Bettzeug riecht vielleicht noch ein wenig nach Lenor, und das

Nachtgewand auf der Haut fühlt sich wunderbar an. Es prickelt dort und da, oben und unten, außen und innen. Draußen, wo es stockdunkel ist, lauern unbenennbare Gefahren, und ganz nahe, wo vielleicht die Lampe brennt, passiert etwas, das ein wenig mit Verbotenem zu tun hat und ganz, ganz viel mit Lust. – Sie haben alle recht: Das Kind liest.
Jetzt ist sie einfach herausgerutscht, meine »neunte poetologische Grundfigur«, die letzte, und weil grundsätzlich und vor allem in diesem Kontext kein Zweifel an ihrer Lebensfähigkeit besteht, lassen wir sie stehen:

Ein Kind liest.

Sie haben es getan, ich habe es getan, Sie vielleicht mit Taschenlampe unter der Decke, ich nicht, denn mein Vater war Deutschlehrer, und Lesen war vermutlich das Einzige, das bei uns zu Hause auch unter ordentlicher Beleuchtung bis spät in die Nacht hinein gestattet war. Sie haben es genossen, ich habe es genossen, Sie haben das Prickeln gespürt, ich auch. So oder so, das Lesen selbst scheint unter anderem zu sein, was in Kinderbüchern viel häufiger drinsteckt, als wir meinen, nämlich Sexualmetapher: voller Sinnlichkeit, auf die Errichtung eines ordentlichen Erregungsbogens abzielend, von Intimität und Imagination lebend, et cetera, et cetera – und hintennach schläft man entspannt ein.
Sexualmetaphorik in der Kinderliteratur ist übrigens ein wunderbares Thema; man kann darüber leider mit zirka so vielen Menschen reden wie über das Moebius-Syndrom, wobei das Moebius-Syndrom den Vorteil hat, dass keiner seine Existenz anzweifelt.
Ein Kind liest. Lesen ist neben anderen Dingen vor allem zwei-

erlei: Entwicklungspsychologisch ist es ein Schritt in Richtung persönliche Autonomie, der in seiner Tragweite nur mit dem Laufenlernen und mit dem Spracherwerb vergleichbar ist. Geradeso wie das freie Gehen die unterstützende Hand der Eltern überflüssig macht und das eigene Sprechen die exklusiven Dolmetschrechte von Mutter und Vater erlöschen lässt, öffnet die Fähigkeit zu lesen erst eigentlich das Tor zur Welt. Dieser Befund wird übrigens noch einige Jährchen gültig bleiben, schätze ich, trotz des leicht infantilen Ikonozentrismus der elektronischen Medien, der momentan Platz zu greifen scheint. Entwicklungspoetologisch, sofern es so etwas überhaupt gibt, stellt Lesen, und damit schließt es ans leidenschaftliche Zuhören und Sprechen an, die libidinöse Besetzung des eigenen Imaginationsvermögens dar. Aus Wörtern, Sätzen, Text, die ein anderer und zugleich es selbst spricht, erzeugt das Kind lustvoll innere Bilder und Bildfolgen und lässt, gleich wie Zuhören und Spiel, auch diesen Prozess zu einem wesentlichen Baustein dessen werden, was wir ein wenig großspurig Identität nennen.

Was das erste Wort war, das ich lesen konnte, weiß ich nicht mehr. Fragt man meine Mutter, so behauptet sie, es sei »Fleischerei« gewesen, und ich hätte es beim Einkaufengehen mit ihr gelernt. Dass das mit den Erinnerungen meiner Mutter an erste Dinge ein spezielles Kapitel ist, wissen manche von Ihnen seit meiner ersten Vorlesung.

Was ich sehr wohl noch weiß, ist der allererste Satz, den ich lesen konnte: *Am Weg saß ein Schweinchen und weinte*. Es ist der Beginn des Pixi-Buches »Petzi hat keine Angst«. Dass der Satz mit dem Schweinchen rein intertextuell mit der Fleischerei-Behauptung meiner Mutter irgendetwas zu tun haben könnte, streite ich einfach ab, Poststrukturalismus hin oder her.

Ein Kind liest. *Am Weg saß ein Schweinchen und weinte. Petzi und seine Freunde hörten es und liefen schnell zu ihm.* Schon der zweite Satz ist Beruhigung, Gott sei Dank. Zugleich wird eine Geschichte eröffnet. Sie ist auch die Geschichte meines Lesenlernens.

Lesen lernen war bei mir verknüpft mit Petzi-Büchern, und Petzi-Bücher waren verknüpft mit Angina. Einmal dicker Hals, Fieber, Bettliegen – ein Petzi-Buch, so einfach ging das. Immer öfter hatte ich Angina, bis meinen Eltern schließlich die Geduld riss und sie mir die Mandeln rausschneiden ließen. Im Spital hatte ich alle meine Petzi-Bücher dabei, das weiß ich noch, und baute mir aus ihren wunderbaren Sätzen, die neben den Gebeten, die in meiner Familie aufgesagt wurden, die mir vertrautesten Sprachgebilde waren, ein semantisches Nest. Petzi und seine Freunde Pelle, Pingo und Seebär waren somit auch sprachlich bei mir. *Am Weg saß ein Schweinchen und weinte.* Oder: *Das gute, alte Schiffchen Mary schaukelte gemächlich auf den Wellen. »Es ist herrlich wieder auf See zu sein. Wir waren schon viel zu lange an Land!«* – der Beginn von »Petzi besucht seinen Großvater«. Oder jene Szene aus »Petzi baut einen Schlitten«, in der Seebär seinen Schaukelstuhl zu einem Schlitten umfunktioniert, die dann endet mit: *Und schon glitt Seebär sanft bergab.* Ein wunderbarer Satz: *Und schon glitt Seebär sanft bergab.* Die libidinöse Besetzung von Sprache scheint mithilfe dieser Sätze gut funktioniert zu haben, jener Vorgang lustvoll verschränkter Imagination und Bedeutungsgebung, der letztlich dazu führte, dass das gute alte Schiffchen Mary, das gemächlich auf den Wellen schaukelt, in mir auch heute noch zuverlässig ein Gefühl von Wohlbefinden hervorruft.

Die Petzi-Bücher weisen übrigens ein Merkmal auf, das meines Erachtens hervorragend als Kriterium für die Qualität von

Kinderliteratur taugt: Die Eltern kommen entweder gar nicht oder höchstens am Rand vor; – eine Behauptung, die etwa anhand der genannten Beispiele, »Tom Sawyer & Huckleberry Finn« und »Pippi Langstrumpf«, leicht zu überprüfen ist. Das Gelingen von Kindheit bedeutet ja hauptsächlich, die Eltern hinter sich zu lassen. Ein Kind im ersten Lesealter läuft nun üblicherweise nicht fort, lässt also die Eltern nicht buchstäblich, sondern metaphorisch hinter sich, soll heißen, es imaginiert sie sich weg. Wenn nun Lesen die libidinöse Besetzung des eigenen Imaginationsvermögens ist, helfen jene Bücher beim Gelingen von Kindheit, die die Eltern von vornherein abschaffen oder ihnen bestenfalls eine Statistenrolle zuschreiben.

Ich habe jede Menge elternfreie Bücher gelesen; ich habe Nachmittage, Nächte und Sommerferien mit ihnen gefüllt. Nach Petzi und seinen tierischen Gefährten befasste ich mich eine Zeitlang mit Rittern und ihren Schwertern, was man sowohl auf die Ritterburg im Dorf meines Vaters zurückführen kann als auch auf den entwicklungstypischen Hang eines Achtjährigen zu phallischen Sexualmetaphern – sofern man eine psychoanalytisch verschmutzte Phantasie besitzt wie ich. Dass in den »Deutschen Heldensagen«, die bei uns zu Hause im Regal standen, gegen jede historische Plausibilität ein Kampf zwischen dem Drachentöter Siegfried und dem Gotenkönig Dietrich von Bern möglich war, war mir damals ebenso egal wie die Tatsache, dass Kriemhild und Brünhild, die beiden mächtigen Damen, dargestellt wurden wie Schneeweißchen und Rosenrot.

Ich las also Rittersagen, die Kinderbuchklassiker, aufgrund der Suggestion meiner Mutter sogar ein paar Märchen, danach Karl May, alle 53 Bände, die in der Stadtbücherei Amstetten vorrätig waren. Mehr als mein Vater!, war das Ziel – was auf einer ganz und gar oberflächlichen Ebene die Behauptung Roland Barthes' in »Die Lust am Text« bestätigt, im Zusammenhang mit Literatur gehe es immer auch um ein In-Szene-Setzen des ödipalen Konfliktes. Am Ende war ich jedenfalls Sieger; mein Vater hatte höchstens vierzig Bände gelesen; zum Beispiel mit Sicherheit nicht die Münchmeyer-Serie, jene fünf Heimatromane, die Titel wie »Der Peitschenmüller« oder »Der Silberbauer« trugen. Er hat nichts versäumt; heute kann ich das zugeben. Ich las Thor Heyerdahl und Heinrich Harrer, Fix und Foxi und Friedrich Dürrenmatt, »Kalle Blomquist« und »Das kleine Gespenst«.

Nichts von alledem ist so in mir geblieben wie »Mio, mein Mio«, jenes großartige Buch von Astrid Lindgren, in dem von den wirklich schrecklichen Dingen die Rede ist, von der Mutter, die bei der Geburt des Kindes stirbt, von der Einsamkeit von Kindern, vom Bösen, das durch Erwachsene kommt, und am Ende vom Tod, den man sich selbst gibt. Ein Kind ist tot. Mio, der das Pflegekind von Tante Edla und Onkel Sixten ist und in Wahrheit Bo Vilhelm Olsson heißt, gelangt eines Tages zur Gewissheit, ein Prinz zu sein, und bricht auf in das Land der Ferne, um seinen Vater, den König, zu suchen. Er findet Jum-Jum, seinen Freund, das Brot, das den Hunger stillt, die Quelle, die den Durst löscht, und den Mantel, unter dem er unsichtbar wird. Schließlich findet er auch den abscheulichen Ritter Kato, aus dem die Bosheit fließt wie eine kalte Flut, und liefert sich mit ihm den letzten, den furchtbarsten Kampf. Am Ende stößt er ihm das Schwert ins steinerne Herz. Die gefangenen Kinder sind frei und Mio ist dort, wo er hinwollte.

»Mio, mein Mio«, sagte mein Vater, der König, als wir durch die Dämmerung nach Hause wanderten. »Mio, mein Mio.« Weiter nichts. Dann kam der Abend und dann die Nacht.

So endet die Geschichte, und sie hinterlässt mich heute wie damals in dieser hellen Traurigkeit, die erkennt, dass manchen Kindern in ihrem Leben genau zwei Dinge bleiben: das, was sie sich vorstellen, und der Tod.
Ein Kind ist tot. Ein Kind liest. Ich habe zu Ende gelesen, ich habe meine Katze Petzi genannt und Helene hat ihr davor den Namen »Miomio« gegeben; Sie erinnern sich. So schließt sich der Kreis. Auf das Unbewusste ist Verlass, auf Intertextualität, mit anderen Worten. Die Poststrukturalisten – Sie wissen schon.

Zu Ende gelesen. Schluss mit der Plage der Imagination. Als Nachschlag Kino:
In der ersten Szene des schönsten Filmes, den es über das Kindsein gibt, in Yves Roberts Verfilmung von Louis Pergauds Roman »Der Krieg der Knöpfe«, laufen die heimliche Hauptfigur des Filmes, der sechsjährige Klein-Gibus, und sein Bruder wild fuchtelnd und schreiend über die Felder, um den Briefträger zu erwischen. Sie wollen ihm Marken der Tuberkulosehilfe verkaufen, aber der Briefträger hat schon welche und flüchtet auf seinem Fahrrad. Er rechnet nicht mit der sozialen Störung der Buben aus Velrans, dem anderen Dorf der Geschichte, sieht sich einem Birkenast gegenüber, der ihm aus einem Hinterhalt heimtückisch vors Rad geschmissen wird, und reißt einen Stern. Klein-Gibus ruft empört, es sei Besitzstörung, ihren, den Briefträger aus Longeverne zu Fall zu bringen, und das sei typisch für die »Sauhunde und Briefträgerdiebe« aus Velrans. »Schlappschwänze, Schlappschwänze!«, rufen die Gegner zurück.
Was sich in der Folge unter den Buben aus Longeverne entspinnt, ist eine höchst interessante wissenschaftliche Untersu-

chung zur Frage der Natur des Begriffes »Schlappschwanz«. Ist »Schlappschwanz« ein Schimpfwort oder nicht, und, wenn ja, in welche Wirksamkeitsklasse ist es einzuordnen?
Als ihnen auch Monsieur Simon, der Lehrer, nicht wirklich behilflich ist, gehen sie die Sache experimentell an. Sie bringen dem dreijährigen Gaston das Wort »Schlappschwanz« bei und tragen ihm auf, es laut und deutlich zu seinem Vater zu sagen. Gaston läuft aufs Haus zu, memoriert dabei den neu gelernten Begriff »Schlappschwanz, Schlappschwanz, Schlappschwanz« und führt dann seinen Auftrag ordnungsgemäß aus. Die Herren Versuchsleiter sehen den kleinen Gaston zwischen den an der Leine hängenden Wäschestücken verzweifelt Achter-Schleifen laufen, hinter ihm der Vater mit drohend erhobenem Arm, und sind ob des Ergebnisses ihrer linguistischen Effektivitätsuntersuchung äußerst zufrieden.
Ein Wort ist neu. Ein Wort zeigt Wirkung. Ein Wort findet seinen Platz. Allein diese Szene rechtfertigt es, sich den »Krieg der Knöpfe« immer wieder anzusehen. Im Übrigen ist er ein wunderbarer Film über das Dasein von Kindern, über ihr Sprechen und Erzählen, ihr Schreien und Verstummen, ihr Zuhören, ihr Spielen und ihr Lesen, mit und ohne Legasthenie. Zwischendurch explodiert einmal eine Handgranate. Trotzdem ist am Ende keins der Kinder tot, und die Großen waren eindeutig die Blöden.

Zu Ende gelesen. Zu Ende vorgelesen.

Innere Kinder

Ursprünglicher Versuch über den Krieg der Knöpfe

In der Doppelidentität als Schriftsteller und Psychiater angekündigt zu werden, vereinfacht die Sache nicht gerade, vor allem nicht das Anfangen, stellt es einen doch gleich einmal vor die Frage: Zitiere ich besser Goethe oder Freud? Da es hier und heute um Kinder gehen soll, und Kindsein zumindest gelegentlich mit Bockigkeit zu tun hat, da es hier und heute und überhaupt in der Kindertherapie vor allem um Identifikation gehen sollte, bin ich bockig und beginne mit etwas ganz anderem:

Im überzeugendsten Film, den es über das Kindsein gibt – Frauen, die den Film kennen, werden mir unter Umständen vorwerfen, das sei eine Wertung aus einem ausschließlich männlichen Blickwinkel – im überzeugendsten Film also, den es aus einem männlichen Blickwinkel über das Kindsein gibt, in Yves Roberts Verfilmung von Louis Pergauds Roman »Krieg der Knöpfe«, sagt die heimliche Hauptfigur der Geschichte, der sechsjährige Klein-Gibus, an einer Stelle: »Gleichheit ist, wenn keiner bezahlen muss.« Gleichheit ist, wenn keiner bezahlen muss. – Merken wir uns das.

Es soll hier und heute um Kinder gehen, und Kindsein, so habe ich mir sagen lassen, hat zumindest gelegentlich auch mit Bravsein zu tun. Es soll hier und heute und überhaupt in der Kindertherapie um Identifikation gehen, daher bin ich jetzt brav und zitiere Sigmund Freud: *Man kann sich des Eindruckes nicht erwehren, dass die Menschen gemeinhin mit falschen Maßstäben messen, Macht, Erfolg und Reichtum für sich anstreben und bei anderen bewundern, die wahren Werte des Lebens aber unterschätzen.* Das ist der erste Satz aus Freuds Schrift »Das Unbehagen in der Kultur«, und auch ihn sollten wir uns merken. – Man kann sich des Eindruckes nicht erwehren, dass die Menschen mit falschen Maßstäben messen, die wahren Werte des Lebens aber unterschätzen.

Ich möchte jetzt nicht über den Gleichheitsverlust durch die Panökonomie des Neoliberalismus reden, den Verlust von Gleichheit in einem ethischen Sinn wohlgemerkt, und ich möchte auch nicht über richtige Maßstäbe und wahre Werte reden. Ein wenig möchte ich über die Bedingungen reden, unter denen Gleichheit in Gefahr gerät und über Maßstäbe und Werte nicht mehr diskutiert werden kann.

Manche Dinge, die bis zum Überdruss gedreht und gewendet, weichgeklopft, gekocht und schließlich durchgekaut wurden, sind trotzdem richtig. Die Sache, die ich mir jetzt eher anzudeuten als wirklich auszuführen erlaube, hat übrigens kein anderer so auf den Punkt hin gegart und in mundgerechte Happen portioniert wie der Gießener Philosoph Odo Marquard, »Transzendentalbelletrist«, wie er sich selbst bezeichnet, und übrigens Sigmund-Freud-Preisträger: Wir leben in einer Welt, in der immer schneller alles anders wird. Wir sind Teil einer Menschheit, die sich – zumindest seit der Mitte des 18. Jahrhunderts unter den Augen einer kritischen Geschichtsphilosophie – damit abmüht, erwachsen zu werden. Das Primitive wird überboten durch das Entwickelte, die Natur durch die Kultur, das Wilde durch das Gezähmte, die Gewalt durch das Recht, die Horde durch den Staat, der Mythos durch den Logos, der Zufall durch die Wissenschaft, die Phantasie durch

die Empirie, das Schicksal durch die Technik, das Lustprinzip durch das Realitätsprinzip. Strebsam ist die Menschheit damit beschäftigt, ihre Kindheit hinter sich zu lassen, und dennoch scheint irgendetwas dabei schiefzugehen.
Die Beschleunigung des modernen Wirklichkeitswandels heißt – noch einmal –, dass immer schneller alles anders wird, oder, dass immer mehr immer schneller veraltet. Besondere Relevanz hat das für unsere Erfahrungen. In unserer Lebenswelt scheinen jene Situationen immer seltener wiederzukehren, für die wir unsere Erfahrungen gemacht haben. Unsere Erfahrungen scheinen immer weniger brauchbar zu sein, verkommen zu One-Way-Experiences, und auf diese Weise finden wir uns ratlos in einer veritablen Erfahrungskrise wieder.
Aus derselben melde ich mich jetzt und kehre zurück zu dem, was wir eh schon wissen, nämlich zur Tatsache, dass es hier und heute um Kinder gehen soll. Kindheit hat, so sagen mir gelegentlich die Lehrer, die ich kenne, zu tun mit Frechsein, und identifikatorisch frech behellige ich Sie daher augenblicklich mit dem, wovon wir soeben gehört haben, es habe ganz und gar keine Konjunktur, nämlich mit meinen eigenen One-Way-Experiences oder Wegwerferfahrungen:

Meine Volksschulzeit war unter anderem dadurch gekennzeichnet, dass ich in vier Jahren fünf verschiedene Klassenlehrer hatte, ausnahmslos bemerkenswerte Persönlichkeiten. In der dritten Klasse hatten wir zum Beispiel eine Lehrerin, die für den Tierschutz lebte. Unter anderem war sie im Ort dafür bekannt, dass sie eine Dohle gerettet hatte und ein Eulenjunges. Dies war – leicht begreiflich – nur teilkompatibel mit der Tatsache, dass wir (die Buben zumindest) damals alle – ohne

irgendeine Form der Genehmigung, versteht sich – angeln gingen. Was passieren musste, passierte: Die Sache mit dem Angeln drang ans Ohr der Lehrerin, auch, dass (naturgemäß, ist man versucht zu sagen) die Forellen, Rotfedern und Saiblinge von uns gemordet, gebraten und verzehrt wurden. Sie nahm Gernot, einen von uns Neunjährigen, ließ ihn eigenhändig ein Stück Karton mit der Aufschrift »Ich bin ein Tierquäler« bemalen, hängte es ihm um den Hals und schickte ihn so durch alle Klassen des Gebäudes, Volks- und Hauptschule. Warum gerade ihn, ist uns übrigens nie klar geworden, jeden von uns hätte es erwischen können. Warum sie ihn allein schickte, das spürten wir damals schon. Diese Frau Lehrerin war es auch, der die ungeputzten Nägel unserer Mitschülerin Monika nicht gefielen, die ihr daher befahl, die Arme nach vorne auszustrecken, die einen Zeigestab aus Bambus auf Monikas Finger legte und sie so lange neben dem Lehrertisch stehen ließ, bis der Stab zu Boden fiel und eine Sekunde später Monika ebenso. Diese Frau Lehrerin war es schließlich, die die mit roten Strichen übersäten Aufsätze unseres legasthenischen Mitschülers Hans in den Schaukasten am Gang stellte, damit alle sie in ihrer ganzen Fehlerpracht sehen konnten. Keiner tat etwas dagegen, auch nicht mein Vater, der selbst Lehrer war. Ich denke, unser Freund Klein-Gibus aus dem »Krieg der Knöpfe« hätte sich, wie er das an einer Stelle des Filmes vorführt, zumindest hingestellt und gesagt: »Du machst dich über die Armen lustig. Das tut ein Republikaner nicht!«
Wegwerferfahrung hin, Wegwerferfahrung her, vielleicht trugen diese Eindrücke ein Stück dazu bei, dass ich – schwarzes Schaf der Familie – Psychiater geworden bin und nicht Lehrer. Jedenfalls ist damals in mir eine Ahnung aufgekeimt, dass man Kindern nicht nur etwas beibringen, sondern sie auch schüt-

zen muss – manchmal auch vor Lehrern. Wenn ich heute mit meinen beiden Lehrerinnenschwestern spreche, so versichern sie mir, dass in den letzten drei Jahrzehnten natürlich alles viel besser geworden ist. Ganz nebenbei glaube ich übrigens, dass man die schlechten Lehrer (bis zu einem bestimmten Ausmaß schlecht, versteht sich) genauso braucht wie die guten, aber das sage ich ganz leise, und Sie vergessen es gleich wieder.

Die Krise der Erfahrung ist das eine Stichwort, Schule das zweite, und die beiden passen ganz gut zusammen. Der Verlust der Bedeutung der eigenen, der Primär-Erfahrung führt – reziprok – dazu, dass man immer abhängiger wird von Erfahrungen, die man selbst entweder noch nicht gemacht hat oder nie machen wird, die jedenfalls andere für einen machen. Diese Sekundärerfahrungen wiederum wollen vermittelt werden, Schulen und andere Systeme der Bildungsvermittlung rücken in den Mittelpunkt des Interesses. Man staunt vielleicht kurz über das Verlorengehen der eigenen Biografie, nimmt das Verschwinden des Historischen insgesamt schon gar nicht mehr wahr und tritt mit all den anderen Hamstern reflexhaft mit im Laufrad des sogenannten lebenslangen Lernens.
Die eigenen Erfahrungen als noch nicht verlässlich zu erleben, auf die Erfahrungen anderer angewiesen zu sein, die Welt als nicht vollends vertraut wahrzunehmen, einem mehr oder minder organisierten Apparat von Bildung unterworfen zu sein – das war freilich seit jeher die Position des Kindes. Mit anderen Worten: Der Erfahrungsverlust durch die zunehmende Veränderungsbeschleunigung bringt den Menschen in einen Zustand der Weltfremdheit, der ganz viel mit Kindsein zu tun hat. Oder kürzer: Man wird nicht mehr erwachsen.

Kinder lernen nicht mehr von ihren Eltern, sondern vor allem die Eltern von ihren Kindern; das heißt dann meistens: »Die Eltern lernen mit.« Die romantische Figur, dass Kinder ihre Primärerfahrungen durch die Eltern machen, wird abgelöst von der ganz und gar unromantischen Figur, dass Eltern ihre Tertiärerfahrungen durch ihre Kinder machen, die sie als Sekundärerfahrung aus dem Internet beziehen. Die Kinder werden zu Experten des Erfahrungserwerbes aus zweiter und dritter Hand, und man selbst bleibt weltfremd und wird nicht mehr erwachsen. Daraus ist für alle, die ihren Neil Postman gelesen haben, mühelos abzuleiten, dass er in zweierlei Hinsicht unrecht hat: Erstens ist im Vernetzungszeitalter das Fernsehen als Urquell allen Übels nicht mehr dingfest zu machen. – Das geht durch als selbst ein Phänomen der Veränderungsbeschleunigung, ist doch »Das Verschwinden der Kindheit« bereits im Jahr 1982 (Wer kann sich überhaupt noch erinnern? Gab es damals schon Computer?) erschienen. Zweitens, und dieser Irrtum wiegt schwerer, tut die Kindheit nicht, was er behauptet, nämlich verschwinden, im Gegenteil, sie scheint – lebenszeitmetaphorisch – sich breitzumachen und zu jener Entwicklungsphase zu werden, in der man alles erledigt: greifen lernen, laufen lernen, groß werden, lernen, Sex haben, lernen, Kinder kriegen, lernen, arbeiten, lernen, sterben. Schluss mit Lernen. Alle atmen auf.

Als Erwachsener oder zumindest als jemand, der sich mit dem Erwachsenwerden redlich abmüht, fühlt man sich zwangsläufig bedroht und kriegt so seine Probleme mit diesen Expertenkindern. Unter Zusammenkratzen der letzten Reste von historischem Bewusstsein, die man vorfindet, konstatiert man: Prügeln hat nichts geholfen, Verständnis auch nichts – jetzt stecken sie uns in den Sack! Den kardinalen Denkfehler, Kinder seien die Exponenten der Veränderungsbeschleunigung und die Bedrohung gehe von ihnen aus und nicht vom eigenen Festhängen in einer Position des Kindseins, übersieht man. Die Folge ist, dass man als jemand, der sich, wie gesagt, mit dem Erwachsenwerden redlich abmüht, zwar nicht sofort einen Kriegsschauplatz eröffnet, immerhin jedoch sein Repertoire an kultivierten psychischen Abwehrmöglichkeiten aufbietet. Man identifiziert sich mit dem vermeintlichen Angreifer und wählt den Weg der Vernunft. Man beschäftigt sich mit Hochbegabtenförderung, mit Fremdsprachen im Kindergarten, Laptops in der Volksschule und watcht Babys. Der Fokus rutscht dabei unbemerkt und neoliberal leistungskonform von Mangel und Bedürftigkeit in Richtung Kompetenz, soll heißen Sonderkompetenz. An diesem Punkt sollte man anfangen, sich ein wenig Sorgen zu machen – um die Kinder nämlich, die wirklichen.

Mein Volksschulkollege Gernot – wie Sie merken, krame ich gerade meine Wegwerferfahrung aus dem Mist – wäre entsprechend diesem Modell möglicherweise dadurch interessant geworden, dass er im Sinne der Verhaltensvereinbarung der Frau Lehrerin einen Vorschlag der Wiedergutmachung seiner Forellentötungen gemacht hätte, zehn Stunden Wildfütterung bei Tiefschnee zum Beispiel. Monika hätte sich einfach das nächste Mal die Nägel geputzt gehabt und Hans das neueste Legasthenie-Trainingsprogramm aus dem Internet bereitgehalten. Unser Freund Klein-Gibus wäre wahrscheinlich nur fassungslos dagestanden und hätte seinen Stehsatz vor sich hin gestammelt: »Wenn ich das gewusst hätte, wäre ich nicht mitgekommen.«

Ein wirklich kleiner Exkurs zu den wirklich kleinen Kindern: Wenn ich das gewusst hätte, wäre ich nicht mitgekommen. – Vielleicht geht es manchem Baby heutzutage ja ähnlich. Die Säuglinge haben seit ihrer Befreiung aus dem Wickelpolster nämlich auch ihr Pensum gelernt. Waren sie vor nicht allzu langer Zeit noch symbiotisch-abhängig, wahrnehmungseingeschränkt, schlicht im Denken und manchmal einfach bösartig beim Biss in die Mutterbrust, so haben sie sich inzwischen zu postmodern nüchternen, leistungsbereiten Kontraktpartnern gewandelt. Kein Ende dieser Entwicklung ist absehbar. Ein Säugling, der intrauterin Mozart gehört hat, unmittelbar postpartal geschwommen ist wie Flipper, der sich heute freut, wenn er aus dem Radio hört, wie viel Kindergeld er kriegt, wird morgen möglicherweise zur Wahl gehen. Schöne Bescherung. Denn dass es sich am Ende doch nur um projektive Rekonstruktionen aus einer verunsicherten Erwachsenenwelt handelt, glaubt doch keiner.

Apropos Babys, Füttern und Wickeln und Geschrei und das alles. Zum Glück gibt es nach der Abschaffung des Psychischen durch die pharmazeutische Industrie neben der katholischen Kirche und dem Verein zur Verlangsamung der Zeit eine starrköpfige Instanz, der das ganze Getue um die Veränderungsbeschleunigung ziemlich egal ist. Die Rede ist von dem, was sich da im Wesentlichen unterhalb des Gehirnes befindet – von unserem Körper (man traut sich das Wort ja fast nicht auszusprechen). Auch wenn es uns nicht passt – die Existenz hängt an diesem trägen Genossen. Man wird körperlich geboren, gehalten, gesäugt, richtet sich körperlich auf, bewegt sich, nimmt die Welt körperlich wahr, isst, schläft, liebt sich körperlich, und letztlich ist auch die Sache mit dem Sterben eine ziemlich somatische Angelegenheit. Im Gesamtkollektiv aller Menschen beträgt die Mortalität immer noch hundert Prozent. So behauptet Odo Marquard, und es ist zu befürchten, dass er recht hat.

Die körperliche Entwicklung des Individuums kümmert sich um das Tempo der sonstigen Veränderungen der Welt so gut wie gar nicht, noch viel weniger die stammesgeschichtliche Evolution der Gattung Mensch. Der Körper stellt sich dar als Hort anachronistischer Qualitäten, wie Bedürftigkeit, Verletzbarkeit und Leidenschaft. Er ist die Beweisfläche dafür, dass es so etwas wie Beziehung tatsächlich gibt, in all ihren Spielarten und Extremen. In ihm finden wir schließlich das Projektionsfeld für allerlei unerfüllte Sehnsüchte und Kränkungskompensationen, wobei nicht notwendigerweise gleich der plastische Chirurg im Spiel sein muss. Da wir noch nicht ganz vergessen haben, dass es hier und heute um Kinder gehen soll, sei angemerkt, dass sich der kindliche Körper nach wie vor so entwickelt wie zu einer Zeit, als es den Pentium-III-Prozessor noch nicht gab. Es sei angemerkt, dass speziell dem kindlichen Körper anachronistische Qualitäten zu eigen sind, wie Bedürftigkeit und Verletzlichkeit. Es sei in diesem Zusammenhang daher angemerkt, dass der kindliche Körper zu verhungern pflegt, wenn man ihm über eine gewisse Zeit Nahrung vorenthält, dass er Verletzungen davonzutragen pflegt, wenn man allzu sehr auf ihn einschlägt, dass dies ebenso zu passieren pflegt, wenn man Dinge in seine Öffnungen steckt, die üblicherweise dorthin nicht gehören. Es sei angemerkt, dass im Gehirn über einem kindlichen Körper, der über ein gewisses Maß hinaus malträtiert wird, die Fähigkeit, vertrauensvolle Beziehungen einzugehen, gelöscht wird, dass stattdessen eine Frage an die entstehende Leerstelle rückt, die man als Paraphrase der alten

Leibniz-Frage: »Warum ist überhaupt etwas und nicht vielmehr nichts?« zu lesen hat: »Mit welchem Recht gibt es mich überhaupt und nicht vielmehr nicht, und mit welchem Recht bin ich so, wie ich bin und nicht vielmehr ganz anders?« Bei manchen Kindern steht an dieser Leerstelle auch ganz einfach: »Doleo, ergo sum«, »ich leide, also bin ich«, aber dieses peinliche cartesianische Pathos vergessen wir doch schnell wieder. Zuletzt sei angemerkt, dass der kindliche Körper in dem Augenblick, in dem man ihn zum Projektionsfeld für Reaktionen auf Weltentfremdung macht, ausgesprochen dazu neigt, zum Schlachtfeld zu werden. Aber ein Schlachtfeld möchten wir uns in friedlichen Zeiten doch nicht wirklich vorstellen.
Oder vielleicht doch: Im »Krieg der Knöpfe« werden tatsächlich lediglich Knöpfe, Schuhbänder und Hosenträger abgeschnitten, nichts sonst, und in der berührendsten Szene des Filmes wird in der Sandgrube, auf dem Schlachtfeld der beiden Kinderbanden aus Velrans und Longverne, augenblicklich eine Waffenruhe ausgerufen, als es darum geht, einem verletzten Hasen den Hinterlauf zu schienen. Dies wäre jetzt der Ort für einen Schwenk in die Literatur, der Ort, um über Tiere als Symbole kindlicher Verletzungen, Ängste und Sehnsüchte zu reden; über das Wolfspack in Rudyard Kiplings »Dschungelbuch«, über die Schweinsköpfe in William Goldings »Herr der Fliegen«, über Mark Twains »Huckleberry Finn« natürlich und über »Katz und Maus«, jene wunderbare Jugendgeschichte von Günter Grass.
Doch Schluss, kein Wolf, kein Hase, kein Schweinskopf. Ein Pferd und Anna Freud. »Einführung in die Technik der Kinderanalyse«: *Einem fünfjährigen Jungen war es eingefallen, sich ein lebendiges Pferd zu wünschen; die Mutter sträubte sich aus guten Gründen. »Es macht nichts«, sagt er darauf, gar nicht nie-*

dergeschlagen, »dann wünsche ich es mir eben zum nächsten Geburtstag.« Die Mutter versichert, auch da werde er es nicht bekommen. »Dann wünsche ich es mir zu Weihnachten«, meint er, »da bekommt man doch alles.« Nein, nicht einmal zu Weihnachten, versucht ihn die Mutter zu enttäuschen. Er denkt einen Augenblick nach. »Und es macht doch nichts«, sagt er dann triumphierend, »dann kaufe ich es mir eben selbst. Denn ich erlaube es mir.«

Ich erlaube mir jetzt, zu wünschen: dem Kinderschutzzentrum hundert weitere Jahre behutsames, verlässliches, unbeschleunigtes therapeutisches Arbeiten mit diesen realen Kindern, deren Wirklichkeit immer ein Stück anders aussieht, als wir uns das vorstellen wollen. Dem Kinderschutzzentrum – dass Sie alle es sich erlauben, sich ein Pferd zu wünschen, wenn Sie ein Pferd brauchen. Dem Kinderschutzzentrum schließlich, dass sich unter Ihren Geldgebern Menschen finden, die nur eine Minute nachdenken, eine halbe Minute über den Satz von Sigmund Freud: *Man kann sich des Eindruckes nicht erwehren, dass die Menschen mit falschen Maßstäben messen, die wahren Werte des Lebens aber unterschätzen,* und eine halbe Minute über den Satz von Klein-Gibus aus dem »Krieg der Knöpfe«: *Gleichheit ist, wenn keiner bezahlen muss.*

Erinnerungen an Insu-Pu

Manchmal widerfährt es einem, dass man im Überschwang zu etwas »ja« sagt und sehr bald erkennt, dass man es besser hätte bleiben lassen sollen. Bei jungen Katzen passiert einem das, bei Wohnungen, bei Ehepartnern und bei Themen wie »Kindheit und Exil«. So auch mir: Kaum hatte ich zugestimmt, stand ich auch schon da und sah mich von der Gewissheit bedroht, dazu in Wahrheit nichts zu sagen zu haben. In derartigen Situationen habe ich, entsprechend meinen beiden beruflichen Identitäten, in der Regel zwei Fluchtwege parat. Der eine besteht darin, in der Fachliteratur, in der psychoanalytischen und in der kinderpsychiatrischen, zu stöbern und aus dem, was da mit Sicherheit in Fülle unter den Titeln Migration, Irritation von Bindungen und inneren Objekten und posttraumatischem Stress zu finden ist, etwas zusammenzukleistern, wofür ich letztlich nicht belangt werden kann, weil es nicht von mir selbst stammt. Der andere bedeutet, einen fiktionalen Text zu schreiben, der zwar nicht in die Unbelangbarkeit führt, immerhin jedoch den Literarisierungsprozess als Argument der Distanzvergrößerung zur Verfügung stellt. (Übrigens enthält die Literarisierung eine kleine Arisierung, aber das ist mir erst jetzt, beim Hinschreiben des Wortes, aufgefallen.) Verzichte ich gegen mein Sicherheitsbedürfnis auf diese beiden Fluchtwege, wächst in mir der Verdacht, mein eigenes Gefühl sei am Ende nichts anderes als ein Abbild der österreichischen Realität, dass nämlich ganz wenige ganz viel und ganz viele ganz wenig zu »Kindheit und Exil« zu sagen haben. Wenn es nun möglicherweise übliche Praxis ist, dass sich die vielen von der Verpflichtung, sich anzuhören, was die wenigen zu berichten haben, dadurch freikaufen, dass sie das wenige, das sie selbst erfahren haben, für sich behalten, so kann man vielleicht ohne Sorge den Mund aufmachen, denn am Ende gilt die Sache auch umgekehrt und man kriegt für das wenige, das man zu bieten hat, eine ganze Menge. Also – weder wissenschaftliche Zitate noch ein fiktionaler Text, sondern ein kleines Quantum Erinnerung (oder zumindest das Bemühen, nahe an ihr zu bleiben):

Meine Kindheit verlief nicht nur sorgen-, sondern bis zu einem bestimmten Zeitpunkt auch judenfrei. Das ist nicht zuletzt darauf zurückzuführen, dass ich in Amstetten im westlichen Niederösterreich geboren wurde. Amstetten ist eine Stadt, in der es ein von Stacheldraht umzäuntes Barackenlager gab, in dem für einige Zeit Insassen des KZs Mauthausen untergebracht waren, zu kurz, wie auch heute noch Leute meinen, um es überhaupt mit dem Begriff Konzentrationslager in Verbindung zu bringen. Amstetten ist eine Stadt, in der es natürlich einen Nazibürgermeister gab und Nazifunktionäre in nicht zu knapper Zahl und eine Jahnturnhalle, in die ich in der zweiten Gymnasialklasse zum Schulturnen ging. Neben all diesen Dingen war Amstetten eine der ersten Städte, die sich 1939 damit rühmten, judenfrei zu sein. Die paar jüdischen Familien, die hier gelebt hatten, waren vertrieben worden, und nur eine einzige kehrte später zurück. Seit einigen Jahren gibt es in Amstetten eine Gedenkstätte für die vertriebenen und ermordeten jüdischen Bürger. Ihr Zustandekommen ist der Beharrlichkeit einiger weniger Menschen zu verdanken. Von der Vertreibung jüdischer Familien hat mir in meiner Kindheit niemand erzählt, auch mein Vater nicht, dessen Geschichten ansonsten wohl der wichtigste Impuls meines eigenen Erzählens wurden.

Mein Vater war ein aufgeweckter, sportlicher Knabe. Als an jenem Tag im April 1942 die dunklen Herren von der Gestapo kamen und die Reihen der Schüler der Hauptschule Amstetten abschritten, um Kandidaten für die NAPOLA, die Nationalpolitische Lehranstalt, auszusuchen, hatte mein Vater einen Abszess im Nacken. Er hielt dadurch den Kopf schief. Ob die Herren zugegriffen hätten, wäre seine Haltung so tadellos gewesen wie sonst auch, kann keiner sagen. Ob sie in der NAPOLA aus meinem Vater einen Nazi hätten machen können, weiß ebenfalls keiner. Er selbst sagt, er wisse es auch nicht. Er übernimmt für sich keine Garantien. Dafür achte ich ihn besonders.

Meine Kindheit habe ich in Blindenmarkt verbracht, acht Kilometer östlich von Amstetten. Blindenmarkt ist ein Ort, in dem es einen Nazibürgermeister gab und Nazifunktionäre in nicht zu knapper Zahl, ein Ort, aus dessen Gemeindearchiv die meisten Aufzeichnungen über die Zeit des Dritten Reiches verschwunden sind, auf unerklärliche Weise. Innerhalb der Gemeinde Blindenmarkt liegt Schloss Hubertendorf. In ihm war zwischen 1938 und 1945 eine der beiden Nationalpolitischen Erziehungsanstalten für Mädchen, die auf dem Gebiet der Ostmark existierten, untergebracht. Ich habe davon vor ganz kurzer Zeit erfahren. In Blindenmarkt wurde nie laut darüber gesprochen.

Blindenmarkt gehört zum politischen Bezirk Melk. In Melk kamen in jenen Sandsteinstollen, die östlich der Stadt in einen Hügel getrieben worden waren, mehr als fünftausend Juden, Roma und Sinti und politische Häftlinge an den Folgen von Zwangsarbeit und Unterernährung ums Leben. Blindenmarkt ist zehn Kilometer von Ybbs entfernt. In Ybbs wurden in der psychiatrischen Heil- und Pflegeanstalt Tausende behinderte und psychisch kranke Menschen verladen und im Rahmen der Aktion T4 der Vernichtung in der Gaskammer von Hartheim zugeführt. Blindenmarkt ist zwölf Kilometer von Persenbeug entfernt. In Priel bei Persenbeug wurden noch am 2. Mai 1945 durch ein SS-Kommando mehr als zweihundert Juden ermordet. Blindenmarkt ist knapp zwanzig Kilometer von Neuhofen an der Ybbs entfernt. Dort, wo auf einer Urkunde aus dem Jahr 996 der Name »Ostarrichi« erstmals erwähnt wurde, schlägt angeblich das Herz Österreichs. Elias Canetti schreibt auf Seite 13 seines Buches »Die Stimmen von Marrakesch«: *Als ich voriges Jahr, nach fünfzehnjähriger Abwesenheit, mich Wien näherte, fuhr ich durch Blindenmarkt, einen Ort, von dessen Existenz ich früher nie etwas geahnt hatte. Der Name traf mich wie eine Peitsche. Er hat mich seither nicht verlassen.* Canetti muss etwas geahnt haben.

In meiner Kindheit wurde über den Krieg gesprochen, über Sondermeldungen im Radio, über die Bombenangriffe auf Amstetten, ganz wenig über den sinnlosen Tod des kaum achtzehnjährigen Bruders meiner Mutter im Rheinland, viel über die Russen und noch mehr, ganz allgemein, über die »schlechte Zeit«. Manchmal wurde darüber gesprochen, wer seinerzeit ein Nazi gewesen war und wer nicht. Von der Vernichtung oder Vertreibung von Juden war nie die Rede. Juden kamen gelegentlich in der Bibel vor, zu der ich als gut katholisch sozialisierter Knabe eine gewisse Beziehung hatte.

Die Judenfreiheit meiner Kindheit endete komischerweise damit, dass meine Eltern einen Plattenspieler kauften, gleichzeitig die ersten beiden Langspielplatten, Schuberts »Unvollendete« und das Violinkonzert von Beethoven. Den Solopart in Letzterem spielte Nathan Milstein. Milstein sei Jude, hieß es. Überhaupt seien alle berühmten Geiger Juden, was auf die besondere Beziehung der Juden zu ihren Geigen zurückzuführen sei. Eine Geige sei ein Instrument, das man, im Gegensatz zum Klavier, überallhin mitnehmen könne. In diesem Zusammenhang hörte ich von meinem Vater auch erstmals dieses eigenartige Wort »Diaspora« und setzte es mit der Transportabilität von Musikinstrumenten in Beziehung. Genaueres begriff ich noch nicht.

Wie sehr sich meine Erinnerung eine zeitliche Koinzidenz konstruiert, weiß ich nicht – allzu weit können Plattenspielerkauf und meine erste Lektüre jenes Buches, das diesem Beitrag den Titel gegeben hat, Mira Lobes »Insu-Pu«, nicht auseinander gelegen sein. Der inhaltliche Konnex besteht jedenfalls darin, dass »Insu-Pu«, neben vielem anderen, die Geschichte eines Knaben erzählt, der seine Geige über alles liebt und in völlige Verzweiflung gerät, als sie durch ein Übermaß an Feuchtigkeit buchstäblich aus dem Leim geht. Dieser Knabe erhielt für mich aus der engen Beziehung zu seinem Instrument unzweifelhaft eine jüdische Identität, obwohl sie – zumindest in der Jugend-&-Volk-Ausgabe, die mir zur Verfügung stand – nicht als solche ausgewiesen war und ich von jüdischen Identitäten insgesamt keine Ahnung hatte. Aber: Auf das Unbewusste kann man sich verlassen, auf die Dinge, die zwischen den Zeilen stehen, auf jene Zusammenhänge, die man für sich herstellt, ohne dass sie jemals explizit gemacht wurden. Die ersten beiden Juden meines Lebens waren jedenfalls Geiger, Nathan Milstein auf der Schallplatte und dieser Knabe mit Namen Wolfgang Hasselberg in Mira Lobes Jugendroman »Insu-Pu«.
»Insu-Pu« erzählt die Geschichte einer Schar von Kindern, die aus einem Land, in dem Krieg herrscht, aus Urbien, in ein friedvolles, gelobtes Land, nach Terranien, gebracht werden sollen. Programmatisch heißt der Hafen, in dem man an Bord

geht, Port Pax. Das Schiff fährt, wie man es sich in einem rechten Abenteuerroman erwarten darf, auf eine Mine und sinkt. Alle Passagiere werden in Sicherheit gebracht, nur eines der Rettungsboote geht verloren. Die elf Kinder, die, von Erwachsenen unbegleitet, in diesem Boot sitzen, gelangen auf eine Insel, die alles zu bieten hat, was man sich als Kind von einer Insel wünscht: Palmen mit Kokosnüssen, Bäche mit Fischen, bedrohliche Schlangen und kuschelige Affenkinder. Erkundigungsexpeditionen werden gestartet, Feuer wird gemacht, man beschafft sich Jagdwaffen und baut ein Haus.

Ein Knabe, der an der Schwelle zur Pubertät nichts stärker verspürt als die Verlockungen des Weggehens von zu Hause, liest eine derartige Geschichte zwangsläufig auch, vielleicht sogar vor allem, als Robinsonade und gar nicht als die Geschichte einer Emigration, erst recht ein Knabe, der in den Voralpen des westlichen Niederösterreich aufwächst, einem Landstrich, in dem eine tiefe regionale Verwurzelung endemisch und das Weggehen daher besonders schwer ist.

Daneben habe ich »Insu-Pu« freilich auch als eine Geschichte gelesen, in der soziale Unterschiede sichtbar gemacht und überbrückt werden, als eine Geschichte, in der Wert darauf gelegt wird, was ein jeder kann, und nicht darauf, was er nicht kann, als eine Geschichte über die Geburt der Demokratie und als eine Geschichte vom Sieg des Gemeinschaftssinnes über psychopathischen Narzissmus. Dass der Übeltäter der Erzählung, ein jugendlicher narzisstischer Psychopath namens Kurt Conrad, erst ausgestoßen, dann aber, nachdem ihn der Hauch des Todes geläutert hat, gerettet und wieder in die Gruppe aufgenommen wird, hat mich von Anfang an gestört (und stört mich immer noch). Ich hätte den unguten Gesellen glatt sterben lassen.

Die Kinder werden am Schluss natürlich gefunden und auf dem Boot des Präsidenten nach Terranien gebracht. *Da gaffen – die Affen … / wenn wir von dannen paffen … / Wir winken dir noch lange zu: / Ade, du Insu-Pu.* So endet die Geschichte. Von Urbien ist keine Rede mehr, auch nicht von den Eltern, die Klammer schließt sich nicht. »Insu-Pu« bleibt eine Geschichte des Weggehens. Sie endet zwar gut, jedoch weit entfernt von dem Ort, an dem sie begonnen hat.

Viel später habe ich erfahren, dass Mira Lobe 1936 nach Palästina emigrierte, dort ihren Mann, den Schauspieler Friedrich Lobe, kennenlernte, ihre beiden Kinder gebar und Kinderbücher schrieb. 1948 erschien »Insu-Pu« im Verlag Twersky in Tel Aviv, auf Deutsch verfasst und von Jemima Tschernowitz ins Hebräische übersetzt. 1950 kam Mira Lobe nach Wien zurück und fand mit »Insu-Pu. Die Insel der verlorenen Kinder«, das ein Jahr später bei Waldheim & Eberle verlegt wurde, den Einstieg in die österreichische Kinder- und Jugendliteratur. »Insu-Pu« sollte jedoch die einzige Geschichte bleiben, die einen Bogen spannt zwischen Mira Lobes Schreiben im Exil und ihrer nachfolgenden literarischen Tätigkeit. Das mag vielleicht auf die schlechten Erfahrungen zurückzuführen sein, die sie mit ihrem ersten österreichischen Verlag machte – man versuchte sie um einen Teil ihres Honorars zu bringen –, vielleicht auch auf ganz andere Dinge. »Insu-Pu« ist jedenfalls ein exemplarisches Stück Exilliteratur, und als solches, denke ich, habe ich es von Anfang an gelesen, ein Stück Literatur, das durchtönt ist von einer Atmosphäre der Unsicherheit und Gefährdung und zugleich von der Überzeugung, dass einen der feste Zusammenhalt innerhalb der Gruppe jede Verpflanzung halbwegs unbeschadet überstehen lässt.

Noch viel später, nämlich vor ganz kurzer Zeit, anlässlich des Mira-Lobe-Symposiums, das am 19. und 20. September dieses Jahres hier im Wiener Literaturhaus stattfand, habe ich aus dem Vortrag von Zohar Shavit, Professorin für Kulturwissenschaften an der Universität Tel Aviv, gelernt, dass mein »Insu-Pu« nicht das Gleiche war wie jenes »Ur-Insu-Pu«, das 1948 in hebräischer Sprache erschienen war. In »I-Hajeladim, die Kinderinsel«, wie das Buch ursprünglich hieß, besitzen Orte und Personen noch andere Namen: Urbien ist England, Terranien Amerika, es ist eine deutsche Mine, die das Schiff zum Sinken bringt, und es ist eine deutsche Messerschmidt, die jenes Kampfflugzeug der Alliierten abschießt, das dann in die Baumkronen der Insel stürzt. Sepp heißt Pete, Stefan heißt Stanley und jener Wolfgang Hasselberg mit seiner Geige heißt David Aaronsson. Er tritt Kurt Conrad, der nicht nur in seinem narzisstisch-psychopathischen Charakter gezeichnet, sondern eindeutig als Antisemit identifiziert wird, in einer Szene der Geschichte entgegen: *Ich kenne dich, du gehörst zu denen, die gerne die Schwachen schlagen, ich weiß … aber ich schlage dich nicht. (…) Ich weiß, dass du mich verspotten wolltest, darum hast du mich gefragt, ob ich ein Jude bin. (…) Ja, ich bin ein Jude, ein Jude – rief der Junge mit den schwarzen Locken und sah alle mit einem stolzen Blick an – ein Jude bin ich. Mein Großvater kam aus Russland nach England, und seitdem sind wir dort ansässig. Mein Großvater war Musiker, mein Vater ist Musiker, und auch ich werde Musiker sein (…) In seinen großen schwarzen Augen entflammte ein merkwürdiges Feuer. (…) Er schaute die Kinder an, und seine Blicke durchdrangen sie wie Pfeile.* Derartiges durfte allem Anschein nach im Österreich des Jahres 1951 nicht publiziert werden.

Mira Lobe gab dem Verbot, die Dinge beim Namen zu nennen,

offenbar nach, nahm der Geschichte ihre explizite politische Dimension und tat, was man als Autor wahrscheinlich ohnehin viel zu selten tut: Sie verließ sich auf die Fähigkeit der Menschen, Metaphern zu lesen und unbewusst zu erfassen, dass das Wesentliche manchmal hinter oder zwischen den Worten steht.

Zuletzt darf ich mir vor allem eines wünschen: eine Neuauflage von »Insu-Pu«, ob historisch-kritisch, darüber wäre zu diskutieren. Leute, die über »Insu-Pu« schreiben möchten, selbst in ihrer Kindheit jedoch vorwiegend Leihbibliotheksbesucher waren und kaum eigene Bücher besaßen, müssten dann nicht wie ich zu Reinhardt Lobe, Mira Lobes Sohn, gehen und sich sein persönliches Exemplar ausborgen – wofür ich ihm übrigens ganz herzlich danke.

Das kann ja wohl nicht euer Ernst sein

Bubenfiguren bei Günter Grass, Richard Ford, Thomas Bernhard und Dan McCall

Wie sich annähern, ist die Frage, erst recht, wenn es um Annäherung an diejenigen geht, denen Annäherung oft das Problematische schlechthin zu sein scheint, an die Buben. Wie tritt man in Kontakt mit den Gestalten, die da hinter ihren Kappenschirmen hocken oder zwischen ihren Kopfhörern, in ihren Booten allein auf großen Seen oder hinter ihren kleinen Stacheldrahtverhauen?

Die vier Bücher, um die es hier gehen soll, im Auge, könnte man zum Beispiel mit Landschaften beginnen und darüber reden, ob Bubenkindheiten an der Ostsee zwangsläufig platter verlaufen als in den Rocky Mountains, oder, wie es sich mit einer Stadtrandsiedlung in Oakland verhält im Vergleich zu einem Dorf im bayerisch-salzburgischen Grenzland. Man könnte über Arten und Mittel der Fortbewegung reden, zum Beispiel darüber, was es bedeutet, sich mit einem Buben auf ein Waffenrad zu setzen oder ans Steuer des väterlichen Autos. Man könnte auch die eingangs erweckten Bilder gleich assoziativ nützen und über die Einsamkeit von Buben reden, spezifischer und wiederum mit Blick auf jene vier Bücher, über die Frage, wie denn das ist mit Liebe und Identifikation, wenn einem der Vater abhandengekommen ist oder die Mutter. Schließlich könnte man natürlich einen kleinen Sidestep zur gegenwärtigen Literaturkanonisierungsdebatte tun und sich fragen, ob von Nick Hornby eher »Fever Pitch« oder vielleicht doch »About a Boy« auf die Liste der verpflichtend zu lesenden Bubenfigurenbücher gehört, ob nun neben Musils »Törleß« Hesses »Unterm Rad« bestehen kann oder nicht, und schließlich, ob nicht Salingers »Fänger im Roggen« eines der überschätztesten Bücher überhaupt ist. Wenn man einigermaßen klar im Kopf geblieben ist und unserem Thema, den Buben, nahe, wird man mühelos erkennen, dass Literaturkanons nichts anderes sind als die Papier gewordene Bilanzkrise alter Männer, und man wird sich erleichtert wiederum Holden Caulfield zuwenden oder Bart Simpson oder Huckleberry Finn.

Oder Joachim Mahlke. Die Geschichte Mahlkes, der Hauptfigur von Günter Grass' Novelle »Katz und Maus«, beginnt damit, dass er das Meer löscht. Der Vierzehnjährige hat aus dem Inneren der »Rybitwa«, eines in der Danziger Hafenausfahrt auf Grund gelaufenen polnischen Minensuchbootes, einen Minimax-Feuerlöscher geborgen und verspritzt vom über Wasser liegenden Steg der Kommandobrücke aus Kohlendioxidschnee über die Ostsee. Damit ist auch – was gibt es Schöneres als eingängige Metaphern? – gleich klar, worum es in der Geschichte geht: um Dinge, die man aus der Tiefe emporholt, ums Große und ums Kleine, um das Erproben von Männlichkeit und um die Lösung der Paradoxien des Lebens. *Mahlke bewies es uns, zeigte uns, wie man mit Schaum löscht, löschte mit Schaum die glasgrüne See – und stand vom ersten Tag an ganz groß da.* Enden wird die Sache mit einer vergilbten querformatigen Fotografie, auf der Mahlkes Vater und der Heizer Labuda abgebildet sind, samt jener Lokomotive, auf der die beiden seinerzeit fuhren, bis 1934, als sie nahe Dirschau verunglückten und Mahlkes Vater unter höchstem persönlichen Einsatz das Schlimmste verhindern konnte, was dazu führte, dass er nachträglich eine Medaille verliehen bekam. Damit ist wiederum klar geworden, worum es die ganze Zeit neben den genannten

Dingen vor allem gegangen ist: um die Suche nach dem verlorenen Vater.
Dazwischen lernen wir viel über Schifffahrt, die Jahreszeiten an der Ostsee, über Mütter, Tanten und magere Mädchen, und wir lernen, dass Onanieren im Rudel und eine innige Bindung an die Jungfrau Maria besser zusammenpassen, als wir das je für möglich gehalten haben. Buben sind nämlich von vornherein einmal unschuldig, auch wenn sie wichsen und jubeln, weil die Möwen sich auf das im Wasser schlingernde Ejakulat stürzen. Ja, wir lernen auch ein wenig über jene drei Einrichtungen, deren Hauptaufgabe es ist, jungen Menschen ihre Unschuld zu rauben – über die Schule, die Kirche und den Krieg, wobei die Kirche noch am besten wegkommt, muss man sagen. Dass am Ende der Große Mahlke, nachdem er fünfzig russische Panzer abgeschossen und dafür das Ritterkreuz gekriegt hat, desertiert und samt den Inkarnationen seiner überdimensionierten Vaterlast, seinem Adamsapfel und seinem Geschlechtsteil, abtaucht in das Wrack des Schiffes, ausgerüstet mit zwei Dosen Schmalzfleisch, stellt den einzig möglichen Schluss der Geschichte dar, samt der Coda, dass nämlich Pilenz, sein letzter Begleiter, vergisst, ihm den Dosenöffner mitzugeben.
Man kann davon ausgehen, dass Joachim Mahlke seinen Vater findet, genauso wie man davon ausgehen kann, dass Larry, der siebzehnjährige Ich-Erzähler aus Richard Fords Novelle »Eifersüchtig«, irgendwann einmal bei seiner Mutter ankommen wird. Larrys Mutter ist freilich nicht tot, sondern lebt in Seattle, seitdem sie nach einer langen Zeit des Streitens ihre Familie verlassen hat. Larry ist bei seinem Vater in Duttons, Montana, geblieben. Warum, meint man zu verstehen, sobald man den ersten Satz der Geschichte gelesen hat: *In den letzten Tagen, während ich bei meinem Vater in seinem Haus unterhalb*

des Teton-Flusses lebte, las er mir vor. Die Intimität, die hier offensichtlich zwischen Vater und Sohn existiert, kennt Joachim Mahlke lediglich aus seinen Sehnsüchten oder bestenfalls symbolisch überformt aus jenen Situationen, in denen er die hohen schwarzen Schnürschuhe trägt, die ihm sein Vater hinterlassen hat. Vorgelesen wurde ihm nie.

Larry wird am Tag vor Thanksgiving von seiner Tante Doris, die selbst von ihrem Mann Benny verlassen wurde und ein halbes Auge auf Larrys Vater geworfen hat, in einem blassrosa Cadillac Eldorado ins nahe gelegene Shelby gebracht. Dort soll der junge Mann in den Zug nach Seattle steigen, um die Feiertage bei seiner Mutter zu verbringen. Auf der Suche nach einem Geschenk (er nimmt schließlich eine Armbanduhr) geht ihm vorübergehend die Tante verloren. Er findet sie in einer Kneipe namens Oil City in Begleitung eines Mannes wieder, der sich als Weinhändler ausgibt und Barney Bordeaux nennt. Es kommt, wie es bei einem solchen Namen kommen muss: Barney ist in Wahrheit ein Schurke, der seine Frau zumindest schlecht behandelt, wenn nicht gar umgebracht hat, dem Sheriff und seinen Gehilfen sitzen die Schusswaffen locker, und Barney, der nicht freiwillig aus dem Klo kommt, muss dran glauben. *Ich bin jetzt ganz zerschossen. Ihr habt mich zerschossen. Ich fühl mich nicht gut*, ist übrigens die einleuchtendste Reaktion aufs Tödlichgetroffensein, die mir je untergekommen ist. Larry ist nur mittelgradig schockiert und deckt mit mehr Naivität als Coolness den nach einigen Schnäpsen besonders hohen posttraumatischen Zuwendungsbedarf seiner Tante. Später sitzen die beiden im Zugsabteil, reden dies und das und fahren in die Nacht hinein.

Die Mischung aus Wachheit und Präzision in der Beobachtung auf der einen, aus gelegentlich beinahe parzivalhafter Einfalt auf der anderen Seite kennzeichnet Larry (und übrigens auch seinen Vater). Von ihm kann man einiges übers Taubenfangen und gar nichts über Sex erfahren. Dafür verrät uns Tante Doris das zumindest in Ansätzen verführerische Jokaste-Substitut der Geschichte, dass Schweden bessere Ehemänner sind als Indianer, weil sie weniger lügen, und dass man noch ein Glas Whisky braucht, wenn man sagt, man habe Schlangen in den Stiefeln. Ansonsten schneit es erst stark in den Bergen von Montana, und dann wird es rasch dunkel, das heißt, man ist permanent versucht, das Licht aufzudrehen, aber das ist in der Konfrontation mit Siebzehnjährigen ja im Grunde auch nicht anders.

Im Gegensatz dazu ist es in Thomas Bernhards »Ein Kind« durchwegs taghell, und die Konturen sind teilweise so scharf, dass es schmerzt. Ein achtjähriger Bub – das Autobiografische ist übrigens für die Eindringlichkeit und Qualität der Erzählung gar nicht von zentraler Bedeutung – steigt auf das Steyr-Waffenrad seines Vormundes und beschließt, aus dem bayerischen Traunstein ins 36 Kilometer entfernte Salzburg zu fahren, um seine *in einem mit viel Kleinbürgerliebe gepflegten Blumengarten lebende und an den Sonntagen beliebte Schnitzel backende Tante Fanny* aufzusuchen. Die Sache geht erwartungsgemäß schief, das heißt, auf Seite 11 reißt die Kette, Thomas landet nicht im Blumengarten, sondern im Straßengraben und damit in seinem Lebenselend, aus dem er sich auch in der gesamten folgenden Geschichte nicht befreien wird können. *Ich verfluchte mich. Ich wollte sterben. (...) Ich verurteilte mich zur Höchststrafe.* Geboren als Kind der Schande in einem holländischen Kloster, *das nebenbei auch noch auf sogenannte gefallene Mädchen spezialisiert war*, vom Vater nicht anerkannt, während des ersten Lebensjahres neben sieben oder acht an-

deren Säuglingen auf einem Fischkutter im Hafen von Rotterdam von fremden Menschen aufgezogen, wird der Knabe in der Folge gerade von seiner Mutter immer wieder massiv abgelehnt. *(…) sie verletzte jedes Mal meine Seele zutiefst, wenn sie »Du hast mir noch gefehlt« oder »Du bist mein ganzes Unglück, Dich soll der Teufel holen! Du hast mein Leben zerstört! Du bist an allem schuld! Du bist mein Tod! Du bist ein Nichts, ich schäme mich Deiner!« (…) sagte.*
Einzig in seinem Großvater (dem Schriftsteller Johannes Freumbichler) findet der Bub einen verständnisvollen Verbündeten und Förderer, der ihn selbst in seinen destruktiven Kompensationsphantasien nicht allein lässt. *In der Theorie sei es möglich, alle Tage und in jedem gewünschten Augenblick alles zu zerstören, zum Einsturz zu bringen, auszulöschen. Diesen Gedanken empfände er als den großartigsten. Ich selbst machte mir diesen Gedanken zu eigen und spiele mein ganzes Leben damit.* Der Kampf sowohl gegen die fortwährenden Bestrebungen der Umwelt, dieses Knabenleben weiter zu zerstören, als auch dagegen, es selbst auszulöschen, ist der zentrale Motor der Erzählung, verzweifelte Kompensation eines der dynamischen Hauptelemente. *Ich durfte mir, als Laufwunder sozusagen, auf einmal mehr erlauben als die andern. (…) Ich war nur immer aus Angst zu schnell gelaufen, aus Todesangst.* Als das Tragwerk der Kompensationsmöglichkeiten schließlich zusammenbricht und der Bub tatsächlich auf den Dachboden steigt, um sich aufzuhängen, erweist sich auch der Wäschestrick als erbarmungslos und reißt im entscheidenden Moment. *Ich hatte überhaupt keinen Ausweg. (…) Ich hockte mich ins Gras und heulte. Ich wünschte nur noch eines auf der Welt: dass mein Großvater kommt und mich rettet, bevor es zu spät ist.* Die Liebe des Großvaters hält Thomas am Leben, führt ihn

in die Welt der Bücher und in das Geistesleben überhaupt ein und verteidigt ihn gegen die Schule, die »Fabrik der Dummheit und des Ungeistes«. Sie lehrt ihn, dass »Romanarbeit« Arbeit ist, dass es nichts Schlimmeres gibt als Halbgebildete und, dass Anarchisten das Salz der Erde sind. Sie befähigt den Buben, Einsamkeit zu ertragen, selbst wenn sie mit der allergrößten Demütigung gepaart ist. *Ich hatte einen neuen, beinahe tödlichen Titel zu tragen: Bettnässer! Wenn ich von der Schule nachhause kam, sah ich mein Leintuch mit dem großen gelben Fleck aus dem Fenster hängen. Meine Mutter hängte mein nasses Leintuch abwechselnd in der Schaumburgerstraße und dann wieder auf dem Taubenmarkt aus dem Fenster, »zur Abschreckung, damit alle sehen, was du bist!«, sagte sie.*

Die Identifikation mit einem eher vage bleibenden Heldentum in der Zeit des Krieges und das erwachende Interesse für Mädchen lassen in dem Buben trotz allem einen Kern von Selbstbewusstsein entstehen und beseitigen schließlich auch das Bettnässen. Am Ende ist es allerdings doch der Großvater, der die Dinge nach wie vor in der Hand hat: *Mein Großvater griff sich an den Kopf und sagte: wie gut, dass es nicht Passau ist, dass ich Salzburg für dich bestimmt habe.*

Auch der dreizehnjährige Jack in Dan McCalls Roman »Jack der Bär« hat einen Großvater. Derselbe wohnt mit Großmutter in Hollywood, was von Oakland ein paar hundert Kilometer entfernt ist. Letzteres ist gut so. Jacks Opa hat nie Auto fahren gelernt, riecht muffig und war immer schon etwas komisch. Er hatte die Dinge nie in der Hand. Er gehört zu den Opfern des rauhen Erwerbslebens, wie Jacks Vater meint. Opa und Oma Glickes sind die Eltern von Jacks Mutter, das macht die Sache trotz der Entfernung manchmal etwas kompliziert. Jacks Mutter ist nämlich vor gut einem halben Jahr durch einen Un-

fall ums Leben gekommen, und Jacks Vater präsentiert sich nicht gerade als jemand, dem man schon auf den ersten Blick die Kompetenz für die Erziehung seiner beiden Söhne zutraut. Jacks Vater säuft (gelegentlich), kifft (ebenfalls gelegentlich), hat gelegentlich Damenbekanntschaften und einen Job als Zeremonien-Monster im Kinderprogramm eines Fernsehsenders. Jack, sein Vater und sein dreijähriger Bruder Dylan, leben in einem architektonisch misslungenen Haus mit Hinterhof und Baumhaus am Stadtrand und schlagen sich mit den Absonderlichkeiten ihrer Nachbarn herum. Mr. und Mrs. Mitchell saufen, schlucken kiloweise Pillen und bekommen ihren verhaltensauffälligen Enkel Dexter nicht in den Griff, Mr. Festinger, der von Jacks Vater Erdbeben-McGoon genannt wird, macht sich wichtig und hat einen leicht zurückgebliebenen Sohn, und Norman, der Mann aus dem Haus gegenüber, trägt eine Jacke mit der Aufschrift *Killer by Day, Lover by Night*. Norman *hat eine graue, hoffnungslose Haut, wie ein ausgebranntes Lagerfeuer.* Insgesamt wundert es einen nicht, dass Jack konstatiert: *Was ich gerade lerne, ist, dass jeder auf der Welt echt schreckliche Probleme hat.*
Seinen eigenen schrecklichen Problemen, der Trauer über den Verlust der Mutter, der Notwendigkeit, die Insuffizienz des Vaters auszugleichen, der Penetranz der Großeltern und seinen Ängsten, den realen wie den phantasierten, ist der junge Mann durchwegs sehr nahe, das heißt, man hat ihm beigebracht, wie man dem Leben ins Auge schaut, auch wenn man gerade ziemlich durchgebeutelt wird. Dazu gehört auch, dass man Kraftfahrzeuge in Betrieb nimmt, obwohl man vom Führerschein noch eine schöne Strecke entfernt ist, und gelegentlich einen der väterlichen Joints raucht. So funktioniert Pubertät, sagt man. Ein weiteres Segment des pubertären Pensums erledigt

Jack, indem er Karen Morris, der Bohnenstange, heldenhaft an die Wäsche geht und dabei Erfahrungen macht, die man auswendig lernen möchte: *Sie blieb unter der Straßenlaterne stehen und wir küssten uns, und ihr Mund war offen, überhaupt nicht wie bei der guten Diane Green in Syracuse, und daher steckte ich meine Zunge hinein wie ein Profi. Es war ein bisschen ungünstig bei ihrer Länge, weil sie sich bücken musste, aber wir brachten es auf eine volle halbe Minute, und dann sah sie mich an und nahm meine Hand (…).* Und so weiter. Die Sache mit Karen Morris endet, wie Liebesgeschichten in diesem Alter zu enden pflegen, nämlich eindeutig präkoital. Alle sind erleichtert.

Noch weitaus erleichterter ist man, als Dylan, den der psychopathische Norman entführt hat, halbwegs heil wiedergefunden wird und auch Normans Messerattentat auf Jacks Vater nicht zum beabsichtigten letalen Ende führt. Dylan und der Vater werden verarztet, Norman wird verhaftet, nur Erdbeben-McGoon Festinger, der Normans Hund Cheyenne vergiftet und damit die Katastrophe ausgelöst hat, bleibt unbehelligt. Am Schluss geht Jacks Vater zum Psychiater und Jack selbst verschlägt es die Sprache: *Ich betrachtete, wie der nichtssagende East-Bay-Tag verging, und ich sagte nichts weiter. Was ich gern gesagt hätte? –: DAS KANN JA WOHL NICHT EUER ERNST SEIN. Diese Inschrift wünsche ich mir auf meinem Grabstein.*

Friedhöfe sind gute Orte, um mit etwas aufzuhören. Also Schluss. Wer an diesem Punkt den Buben in all ihrer Kränkbarkeit und Stärke, in ihrer Wehleidigkeit und in ihrer Härte zu sich selbst, in ihrer Nüchternheit und ihrem Bedürfnis nach Romantik immer noch nicht nahegekommen ist, dem hilft wohl weder die Jungfrau Maria noch die richtige Grabsteininschrift.

Was macht die Pfefferpistole in der Villa Kunterbunt?

Sexualmetaphorik in der Kinderliteratur

Soll von Metaphorik die Rede sein, so ist das meistens ein wenig wie Zitronen lutschen: Man weiß, dass es angeblich gesund ist, man fühlt sich zu Beginn auch erfrischt, und nach kurzer Zeit fängt dann alles an, sich zusammenzuziehen. Die Dinge verknoten sich zu kaum entwirrbaren Gebilden, und man landet im Nu dort, wo man in der Geisteswissenschaft im Grunde immer schon gelandet ist, bei der eigenen begrifflichen Insuffizienz. Man fragt sich also, wie das war mit Metapher und Metonymie, gräbt vielleicht aus der Erinnerung aus, dass man »das Blau« statt »der Himmel« sagen kann oder »der Stahl« statt »das Schwert« und es sich bei Letzterem zwar um eine martialische Metonymie, nichtsdestoweniger in beiden Fällen um Metonymien handelt, wohingegen man eine Metapher schafft, wenn man das arme Kamel zum »Wüstenschiff« macht. Das wiederum hat, so unsere Gedächtnisspur, zu tun mit dem Ausmaß an stofflicher Distanz zwischen dem symbolischen Begriff und dem Bezeichneten, was notwendigerweise zur bangen Frage führt, wie denn das Symbol unterzubringen ist zwischen Metapher und Metonymie, und ob über Metaphorik zu sprechen nicht auch heißt, sich mit »Signifikant« und »Signifikat« zu befassen, jenen eineiigen Zwillingen, von denen man weiß, dass man sie in diesem Leben nicht mehr auseinanderhalten wird können. Schrecken gebiert vorwiegend seinesgleichen, das ist einem vertraut und daher wehrt man sich erst gar nicht gegen die Erkenntnis, dass man selbst mit der Einordnung der metapherntheoretisch befassten Disziplinen wieder einmal seine liebe Not hat: Linguistik, Semiotik, Semantik, Syntaktik, Pragmatik, Grammatik – wer macht eigentlich was? Man stellt im Vorbeigehen eine alliterative Verwandtschaft zwischen »Sema«, dem Zeichen, und »Semen«, dem Samen, fest und beschließt, zu tun, was man im Angesicht der intellektuellen Niederlage sinnvollerweise tut: Man schlägt nach. Man nascht also bei Blumenberg, Cassirer, Chomsky, Eco, Lacan, Pasolini und wie sie alle heißen, jeweils nur kleine Häppchen, versteht sich, und endet dennoch wieder einmal dort, wo man bei derlei Gelegenheit regelmäßig endet; einerseits bei der – vor allem für einen pragmatischen Poeten – ziemlich beruhigenden Bemerkung des Philosophen Joachim Ritter, Theorie werde vorwiegend dann gemacht, wenn sonst nichts mehr zu machen sei; andererseits bei jenem Beispiel, mit dem Umberto Eco in seinem semiologischen Buch »Segno« (Zeichen) versucht, sich von der britischen Verstocktheit Bertrand Russells abzugrenzen und zugleich das logische Konstrukt des kontrafaktischen Konditionals zu erklären:

Die Implikation /Wenn meine Großmutter Räder hätte, wäre sie ein Auto/ ist in der Sprache des Logikkalküls dann wahr, wenn

a) meine Großmutter keine Räder hat und kein Auto ist;
b) meine Großmutter keine Räder hat, aber ein Auto ist;
c) meine Großmutter Räder hat und ein Auto ist.

Dass Wahrsein aus dem Blickwinkel der Logik mit Wahrsein auf Basis empirischer Annahmen nichts zu tun hat, mag man einräumen. Trotzdem ist es ein Stück schade, dass die Implikation ausgerechnet dann falsch ist, wenn

d) meine Großmutter Räder hat, aber kein Auto ist.

Manche Großmütter haben nämlich Räder, zumindest eine Zeitlang, und sie sind in diesem Zustand definitiv kein Auto, sondern nur schwach oder ein bisschen gelähmt. Das war Herrn Eco möglicherweise nicht bewusst, und man darf das auch nicht erwarten. Bewusst war ihm hingegen sicher, dass dieser Satz nicht primär als Metapher angelegt ist, etwa für die Mobilität älterer Damen oder für den Erhaltungszustand mancher Automobile. Bewusst war ihm möglicherweise auch, dass das Beispiel trotzdem zur Metapher wird, nämlich genau dafür, dass Metaphorik wenig zu tun hat mit eindimensionalen semiologischen Zeichen-Bedeutungs-Konstrukten, sondern viel eher mit Vielfalt, Humor und dem Umgang mit Paradoxa. Das hat er uns allerdings verschwiegen, aber dass er uns gelegentlich Dinge verschweigt, ist uns ja spätestens seit dem »Namen der Rose« vertraut.

Immerhin sind wir bei zwei Dingen angelangt, die uns beschäftigen werden, das eine kurz und gleich, das andere ein wenig länger und später, beim Umgang mit Paradoxa und bei Großmüttern.

Kurz und gleich, Paradoxa. Die Metapher stellt insofern in sich etwas wie ein kleines Paradoxon dar, als sie begrifflich auf sich selbst verweist, bedeutet der Terminus doch ursprünglich nichts anderes als etwas von A nach B tragen; in unserem Fall sind nun nicht Wasserkrüge oder Krankheiten gemeint, die den Besitzer wechseln, sondern eben Bedeutungen. Die Metapher ist zweitens insofern ein Paradoxon, als sie auf der einen Seite stets mit Verschiebung und Verdichtung zu tun hat, also mit jenen Mechanismen, die wir auch aus der Analyse unserer Träume kennen, auf der anderen Seite mit dem Eröffnen von Räumen für Mehrdeutigkeit und phantasmatisches Spiel mit Bildern und Begriffen. Die Metapher wird schließlich dadurch zum Paradoxon, dass sich anhand von ihr die beiden großen Fragen der sprachlichen Welterschließung stellen: »Wie sind die Dinge eigentlich zu benennen?« und »In welcher Weise manifestieren sich die Dinge durch Sprache?«; das heißt, die Metapher liegt gewissermaßen am Schnittpunkt von Semiotik und Hermeneutik. Semiotik, Hermeneutik: Schon sind wir wieder bei unserem Disziplinenproblem und damit beim Reflex, uns die Decke über den Kopf zu ziehen. Dort wollen wir allerdings letztlich auch hin, unter die Decke.

Davor noch ein kleiner Zwischenschritt. Die Metapher in ihrer paradoxen Vielschichtigkeit, in ihrer Rolle als Überträgerin von Bedeutung und als Evokateurin von Phantasmen ist natürlich – und dort wollen wir ebenfalls hin – vor allem eines: Sie ist – metaphorisch gesprochen – die Hebamme der Narration und die Hauptspeise der Poesie. Wenn es nun hier und heute um Erzählung und poetische Weltverzauberung im Zusammenhang mit Metaphorik geht und man sich in einer Situation befindet, in der man sich ein wenig Psychoanalyse leisten kann, fällt einem natürlich Sigmund Freud ein – »Jenseits des Lustprinzips« – und die Holzspule mit dem Bindfaden, die sein eineinhalbjähriger Enkel Ernst Wolfgang mit der Bemerkung »ooooo« (»fort«) im Gitterbett verschwinden lässt, um sie gleich darauf mit »da« wieder hervorzuholen, die letztlich zum Repräsentanten der abwesenden Mutter auf der einen und zu jener Spindel auf der anderen Seite wird, um die der junge Mann seine Traurigkeit windet. Die Mutter ist weg, das Gefühl ist mächtig vorhanden. An der Schwelle zur sprachlichen Eroberung der Welt wird daraus ein Symbol – »fort, da«. Der Großvater ist dabei und macht eine Geschichte daraus. Die Mutter des kleinen Knaben, Freuds Tochter Sophie, war übrigens vier Jahre später ganz fort, soll heißen, gestorben. Unmit-

telbar danach wurde der Todestrieb geboren; ob das eine ursächlich mit dem anderen zu tun hat, darüber streiten nach wie vor die wirklich gescheiten Menschen.
Wir bleiben am Bett. Wir lassen die Mutter auch ganz und gar nicht sterben, sondern holen sie herbei, setzen sie an den Bettrand, drücken ihr ein Buch in die Hand und lassen sie vorlesen. Sie kennen die Szene. Die Mutter (oder der Vater) liest so lange vor, bis das Kind eingeschlafen ist oder das Kind erfolgreich so tut, als sei es eingeschlafen. Der vorlesende Elternteil verlässt (sofern selbst noch wach) auf Zehenspitzen Matratzenkante und Zimmer, und das Kind kann sich ungestört in seine Höhle zurückziehen oder in sein Schloss oder sich in eine Ballongondel setzen oder in ein Boot und über den Himmel fahren oder aufs Meer hinaus.
So oder so, Höhle, Himmel oder Meer – das Kind befindet sich an einem Ort, der metaphorisch hochaufgeladen ist, voll von Bedeutung. Maurice Sendak nennt diesen Ort die »Nachtküche«.
»In der Nachtküche« beginnt damit, dass der kleine Micky durch heftiges Getöse aus dem Schlaf gerissen wird: Wumm, rumm, pumm, pumm. Natürlich können es theoretisch die Mistkübelmänner sein, die in der Nacht Lärm machen, oder ein Einbrecher oder die Polizisten, die den Einbrecher gerade fangen. Wahrscheinlich ist es jedoch ganz anders, Sie wissen es, ich weiß es, und Micky weiß es auch, wie man aus seinem Gesicht lesen kann und aus der Art und Weise, in der er schließlich »Ruhe!« brüllt. Eltern, die mit spezifischem Radau-Schlagen, psychoanalytisch mit Urszene-Machen, also mit Sex, beschäftigt sind, beeindruckt solcherlei in der Regel wenig, das ist bekannt. Micky, nicht faul und blöd schon gar nicht, begibt sich – sozusagen nach dem Motto: »Wenn zwei rumsen, freut

sich der Dritte« – auf eine Reise, die letztlich ein Ziel hat: die libidinöse Besetzung der eigenen Körperoberfläche. (Micky weiß zwar nicht, dass es so heißt, aber das ist ihm egal.) Er steigt auf in die Luft, hoch über sein Bett, streift seinen Pyjama ab und fliegt splitternackt durchs Zimmer, vorbei am Mond und an der Tür zum elterlichen Schlafgemach, hinein in die Nachtküche.

Die Nachtküche ist in Wahrheit eine Backstube, und wie es sich für eine ordentliche Backstube gehört, herrscht dort, auch wenn es draußen finster ist, emsiger Betrieb. Die drei rotnasigen Bäcker, die einander aufs Haar gleichen, sehen aus wie Oliver Hardy, der Dicke aus »Dick und Doof«, das heißt, sie wirken ziemlich gemütlich, humorvoll und zugleich verlässlich. Der textil unbedeckte oder, so unsere metaphorologische Annahme, äußerlich libidinös unterbesetzte Micky plumpst direkt in den Kuchenteig, wird von den drei Bäckern untergehoben, eingerührt und schließlich ins Backrohr geschoben. Nach einer Weile taucht er wiederum auf, eingehüllt in einen Overall aus Kuchenteig, der ihm an den Leib gebacken ist, und fühlt sich anscheinend ziemlich wohl. Dermaßen konturiert in seinem Selbst, baut er sich aus einem Klumpen Brotteig, der ebenfalls dort herumliegt, ein kleines Propellerflugzeug und fliegt los.

Natürlich ist die Sache mit dem Fliegen seit Erica Jong ein wenig abgenützt und natürlich kann ein phalloides Propellerflugzeug aus Brotteig auch einmal schlicht ein Propellerflugzeug aus Brotteig sein – charmanter sind freilich andere Varianten. Micky, denke ich, tut, was frisch oberflächenbesetzte Mickys mit ihrer Hülle zu tun pflegen – er bedient sich ihrer; und natürlich hat das, ist er doch auch davor von einem Triumvirat bearbeitet worden, einen spezifisch männlichen Akzent.

Indem er sich autoerotisch betätigt, fliegt er immer weiter empor und erreicht, am Scheitel seiner Bahn, eine riesige Milchflasche. In dieselbe stürzt er sich lustvoll hinein, sinkt bis zum Grund, streift dabei seinen Kuchenteiganzug ab und schwimmt nackt, wie er ursprünglich war, wieder an die Oberfläche. Vom Rand der Flasche gießt er daraufhin Milch hinab in den Kuchenteig, den die Bäcker dort unten bereithalten.

Eine große Milchflasche ist natürlich in erster Linie eine große Milchflasche und Milch selbst eine Metapher für die wunderbare Zeit, in der die Welt noch in die Mundhöhle und in den Bauch hineingepasst hat. Micky meint es jedoch vielleicht ein bisschen anders, wenn er nach seiner Milchverschüttung oben auf dem Rand der Flasche steht, am Kulminationspunkt der ganzen Geschichte seinen kleinen Hahn in die Welt reckt und selbst laut »Kiiiikerikiiii!« schreit. So wird unmissverständlich klar, dass ihm mithilfe von Kuchenteig, Propellerflugzeug und Milchverspritzen vor allem auch eines gelungen ist – die libidinöse Besetzung seines Genitales. Die drei Oliver-Hardy-Klone sind sichtlich glücklich darüber, schlagen den angereicherten Kuchenteig noch einmal auf, und Micky fliegt durch die ausklingende Nacht zurück in die Federn. Im Original: Er *glitt hinunter sehr tief, sprang in sein Bett, war trocken, schlief.* Hoppala. Man stutzt ein wenig. *War trocken, schlief* – ?? –Möglicherweise gab's bei unserem Micky ursprünglich eine kleine Schwierigkeit mit der Frage, welche Flüssigkeiten da in der Küche der Nacht abgemischt werden sollen. Egal. Jetzt ist jedenfalls alles in Butter, der Hahn hat gekräht, *nichts ist passiert*, wie es heißt, und Micky steht bereit für neue Taten.

Masturbatorische Aktivität scheint dem Kind zu helfen, sich schrittweise aus der Dyade mit der Mutter zu lösen. Das Training der Fähigkeit, sich unabhängig von anderen und ohne äußere Hilfe lustvolle Befriedigung zu verschaffen, erzeugt und festigt libidinös besetzte Teilrepräsentanzen des kindlichen Selbst, lässt somit Keime für autonome Ich-Funktionen sprießen. Andererseits entsteht durch das Erleben der Kompetenz autoerotischen Lustgewinnes und durch die damit verbundenen positiven narzisstischen Gefühle offenbar gelegentlich die Angst, alle anderen von dieser Welt wegzuverschlingen. Vor allem, wenn aggressive Impulse mit ins Spiel kommen, kann das passieren. So zumindest das Modell von antiquierten Menschen, die noch an die Existenz von Dyaden, Repräsentanzen oder eines kindlichen Selbst glauben. Max ist damit einverstanden, er kennt das. Max hat, so scheint es, Fenichel und Kohut und Binswanger und all die restlichen wilden Kerle gelesen. Wenn ihm danach ist, zu zeigen, dass wahr ist, was sie geschrieben haben, schlüpft er in seinen Wolfspelz. Max ist sozusagen der Micky von Maurice Sendaks »Wo die wilden Kerle wohnen« oder »Where the Wild Things Are«, wie es im Original noch besser heißt – die wilden Sachen, von denen man nicht so recht sagen kann, wie autonom lebendig sie eigentlich sind.

Der Wolfspelz, den Max trägt, wenn er Nägel mit Köpfen in die Wand schlägt oder wie ein kleiner Teufel mit der Gabel Jagd auf den Terrier macht, sieht zwar nicht mehr aus wie Mickys Körperhülle aus Kuchenteig, aber so wirklich wie ein Wolfspelz in Wahrheit auch nicht. Eher wie ein Schlafanzug mit Batman-Ohren und Krallen an Händen und Füßen, könnte man sagen, oder, wenn man vor lauter Suche nach Sexualmetaphern schon den total einseitigen Blick gekriegt hat, wie ein Ganzkörperkondom mit hinten einem langen Schwanz dran. Letzterer ist konkret vorhanden, daher unstrittig und wird durch das ganze Buch hindurch getragen, egal, ob man ihn symbolisch

befrachtet oder nicht. Max jedenfalls sagt an jenem denkwürdigen Abend in seinem libidinösen Furor zur Mutter: »*Ich fress' dich auf*«, und weil Mütter das nicht so gern haben, wird er ohne Essen ins Bett geschickt. Das wiederum haben kleine geschwänzte Kostümwölfe mit überbordenden Einverleibungsgelüsten nicht gern, und sie lassen daher auf der Stelle erst recht allerhand wachsen, Bäume in den Himmel zum Beispiel oder die Wände, die dann so weit werden wie die ganze Welt oder ein großes Meer. Über selbiges segelt der kleine wilde Kerl bis an jenen Ort, wo die wirklich wilden Kerle wohnen.
Sie sehen aus wie riesige Böcke, Stiere und Hähne, die natürlich alles, was sie phallisch-aggressiv vorzustrecken haben, auch tatsächlich vorstrecken, gewaltige Hörner an Kopf und Nase, gefährliche Krallen und Zähne und diese hervorquellenden Augen, die eigentlich das Fürchterlichste von allem sind. Außerdem brüllen sie, dass einem ganz anders zumute wird. Max freilich ist schlau und weiß, dass man derartige Ansammlungen randalierender Halbstarker, die man zu allem Pech noch aus sich selbst herausexternalisiert hat, nur in den Griff kriegt, wenn man ihnen demonstriert, dass man die Fähigkeit zur absoluten Kontrolle besitzt. Also *zähmte er sie mit seinem Zaubertrick: Er starrte in ihre gelben Augen, ohne ein einziges Mal zu zwinkern.* Wer so etwas kann, ist natürlich der wildeste Kerl von allen, wird zum König ernannt und auch ordnungsgemäß mit Krone und Zepter ausgestattet. Unter Max' Kommando tanzt man nun ganz fürchterlich, singt gemeinsam den Mond an und hängt sich nebeneinander auf Bäume. Bald ist klar, dass die Sache funktioniert und die ehedem unzivilisierten Herrschaften brav gehorchen, mit anderen Worten, dass der junge Mann sein libidinös-aggressives Wirrwarr im Griff hat. Das ist nun der Augenblick, an dem Max, erstens, die wilden Kerle

ohne Essen ins Bett schickt und, zweitens, der verführerische Duft nach guten Speisen *von weither quer durch die Welt* zu ihm dringt. Mama ruft.

Die Gefahr, die Mutter aus wölfischer Verschlingungsliebe zu verputzen, besteht offensichtlich nicht mehr, auch wenn der Pelz noch getragen wird; man kann zurück zu ihr. Max steigt in sein Boot und lässt seine Triebgenossen, die ihn nun ihrerseits zum Fressen gernhaben, auf ihrem Eiland allein. Er segelt durch die Nacht, bis er wieder in seinem Zimmer landet. Dort steht das Essen auf dem Tisch und ist noch warm.

Und die Moral von der Geschicht'? – Die Mischung aus libidinöser Selbstbesetzung und aggressivem Triebimpuls, selbst wenn man sowohl gewissermaßen ganz in sein Genitale hineinschlüpft als auch ganz, ganz wild ist, heißt nicht, dass man notwendigerweise dabei die Mutter auffrisst, im Gegenteil: Sie überlebt, und am Ende steht das Essen auf dem Tisch. Jetzt wissen wir, warum sich das Buch so gut verkauft.

Lektüre ist unser Thema. Lust ist es auch. Das Lesen ist Broterwerbsquelle für Schriftsteller, Legasthenietrainer und Zeitungskolporteure, Druckmittel ehrgeiziger Lehrer oder überforderter Eltern, Untersuchungssegment von PISA-Studien und primäres Kriterium für die Berechnung von Alphabetisierungsraten. Lesen heißt Wissen erwerben, Austauschfähigkeit herstellen, sich in der Welt verankern. Vor allem bedeutet Lesen jedoch eines: lustvoll innere Bilder erzeugen. Oder, in der Sprache, wie Micky und Max sie mögen: Lesen heißt libidinöse Besetzung des eigenen Imaginationsvermögens.

Libidinöse Besetzungen des Eigenen passieren im Sinne der Individuation, das bedeutet, sie sind immer einerseits dazu da, sich eben des Eigenen ein Stück sicherer zu werden, andererseits, sich vom anderen, dem Nicht-Eigenen, abzugrenzen. Möglicherweise ist Letzteres der Grund dafür, dass in so vielen Kinderbüchern das für Kinder primäre Nicht-Eigene, nämlich die Eltern, nicht vorkommen; oder höchstens indirekt, in Form von Koitallärm oder nachgetragenem Abendessen, wie wir eben gehört haben. Vielleicht hat das aber auch mit den schlechten Erfahrungen zu tun, die Maurice Sendak mit seinen Eltern gemacht hat – oder ich mit meinen, wodurch ich, verursacht durch das Regulativ meines Unbewussten, gar nicht anders konnte, als elternfreie Bücher auszuwählen. So oder so – ganz an der Oberfläche: Kinderbücher, in denen Eltern vorkommen, haben eine leichte Inklination zum Öden. Oder: Wo Imaginationsvermögen libidinös besetzt wird, haben Eltern nichts verloren. Ja, vorlesen dürfen sie, in Ordnung.

Mütter in Kinderbüchern sind also öd, Väter ebenso, und Großmütter, muss man sagen, sind, sofern sie nicht Räder haben oder sich in Apfelbäumen aufhalten, auch nicht das Schärfste. Anders in »Der Räuber Hotzenplotz« (von Otfried Preußler).

Die Geschichte beginnt damit, dass Kasperls Großmutter auf der Bank vor ihrem Häuschen in der Sonne sitzt. Zwischen ihren gespreizten Beinen hält sie eine funkelnagelneue Kaffeemühle (die sie von Kasperl und seinem Freund Seppel zum Geburtstag bekommen hat). *Wenn man daran kurbelte, spielte sie »Alles neu macht der Mai«, das war Großmutters Lieblingslied. Seit Großmutter die neue Kaffeemühle hatte, machte ihr das Kaffemahlen solchen Spaß, dass sie doppelt so viel Kaffee trank wie früher.* – Großmutter!, möchte man rufen, und ansonsten kommt es, wie es kommen muss: Es knackt im Gebüsch, und Großmutter rückt verwundert an ihrem Zwicker. *Vor ihr stand ein fremder Mann mit einem struppigen schwarzen Bart und einer schrecklichen Hakennase im Gesicht. Auf dem Kopf trug er einen Schlapphut, an dem eine krumme Feder steckte, und in der rechten Hand hielt er eine Pistole. Mit der Linken zeigte er auf Großmutters Kaffeemühle. »Her damit, sage ich!«* Großmutter wehrt sich eine Weile, dann sieht sie, dass *in dem breiten Ledergürtel des Mannes ein Säbel und sieben Messer steckten.* Sie erblasst und ihr Widerstand schwindet. Dann hebt der Mann auch noch die Pistole und richtet sie auf sie. *Da tat Großmutter einen tiefen Seufzer und gab sie ihm. Was hätte sie sonst auch tun sollen?* Der Räuber nimmt das großmütterliche Wunderding an sich und lässt es in seinem Schnappsack (!) verschwinden. Danach trägt er Großmutter auf, bis 199 zu zählen, dann dürfe sie seinetwegen um Hilfe rufen. Der Räuber verschwindet, nicht ohne ihr zum Abschied ein letztes Mal seine Pistole unter die Nase gehalten zu haben. Großmutter braucht eine gute Weile, bis sie zu zählen beginnen kann, und *in der Aufregung verzählte sie sich so oft, dass sie mindestens ein Dutzend Mal wieder von vorne anfangen musste.* Am Schluss tut sie dann doch, was sich für eine Dame in einer derartigen Situation geziemt: Sie stößt einen gellenden Hilferuf aus und fällt in Ohnmacht.

Kein Kommentar, ist man versucht zu sagen und möchte die Großmutter und Herrn Hotzenplotz am liebsten mit ihrer gemeinsam geteilten Erfahrung allein lassen. Das geht denn doch nicht. Das Über-Ich verlangt nach seinem Recht. Die Obrigkeit muss her. Wachtmeister Dimpfelmoser kommt mit Pickelhaube und Polizeisäbel und schreibt die ganze Sache auf. Wir nehmen unsererseits zu Protokoll, dass es sich bei Großmutter anscheinend um ein ziemlich schlecht getarntes Objekt ödipalen Begehrens vonseiten des Kasperl-Seppel-Duos handelt, samt dazugehöriger Kaffeemühle, wohingegen dieser Hotzenplotz vermutlich in Personalunion beides repräsentiert, sowohl die abgewehrten sexuellen Triebimpulse Kasperl-Seppels, die extern in einen echten wilden Kerl hineingetan werden müssen, als auch den väterlichen Feind, der massiv mit Waffen und schlechten Eigenschaften ausgestattet werden muss, um ihn gleichermaßen massiv bekämpfen zu können. Dass in diesem »sowohl als auch« unübersehbar ein Ansatz von Identifikation und damit der Beginn der Lösung der ganzen Geschichte steckt, entgeht uns nicht.

Sie, die ganze Geschichte, kann ich jetzt nicht erzählen, dafür ist sie zu lang. Außerdem kennen Sie sie ohnehin alle. Bleiben wir also kursorisch-metaphorisch und zum Beispiel bei den Anfängen. Im zweiten Band, »Neues vom Räuber Hotzenplotz«, hat Großmutter zwar längst ihre Kaffeemühle wiederbekommen, dreht aber grad nicht an der Kurbel, sondern tut, was brave, anständige Großmütter so tun, sie kocht. Genauer, sie kocht, weil sie ja, noch einmal, ein schlecht getarntes Objekt ödipalen Begehrens ist, selbstverständlich für das Kasperl-Seppel-Duo, und sie kocht – hat sie doch in der Symbolik-Stunde »Was kochen Objekte ödipalen Begehrens ihren Verehrern am besten?« gut aufgepasst – Bratwürste mit Sauerkraut. Wie es der Triebteufel so haben will, beschlägt ihr Zwicker just in jenem Augenblick, in dem der Räuber Hotzenplotz, unzulässigerweise in der Uniform des Wachtmeisters Dimpfelmoser, bei der Tür hereinkommt. Die Verwechslung will also geschehen, zumindest optisch, gibt es doch im ganzen Städtchen keinen einzigen Menschen außer dem Wachtmeister, der einen blauen Rock mit silbernen Knöpfen besitzt. Akustisch ist es ein wenig anders. *Die Stimme kam Großmutter zwar bekannt vor, doch es war nicht Herrn Dimpfelmosers Stimme. »Wer kann das wohl sein?«, überlegte sie. Und vor lauter Überlegen vergaß sie vollkommen, den Zwicker abzuwischen und wieder aufzusetzen.* Langes Überlegen kann im Angesicht triebhaften Begehrens nur schlecht sein, ist man versucht zu schließen, und zum Verhalten der Großmutter möchte man meinen, da wäre sie doch besser gleich bei der Variante mit der Kaffeemühle geblieben. Hotzenplotz hat jedenfalls durch die Uniform-Verkleidung – die, so nebenbei, bereits eine zumindest rudimentäre Identifikation mit dem Arm des Gesetzes bedeutet – sein Aufgebot an phallischen Symbolen von zehn (steife Feder, Pfefferpistole, Räubersäbel, sieben Messer) in bemerkenswert radikaler Weise auf zwei, den Polizeisäbel und den Pickel der Pickelhaube, reduziert (die mächtige Hakennase im bärtigen Gesicht rechnen wir nicht ein; keiner kann im Ernst verlangen, dass er sie sich plastisch wegkorrigieren lässt). Andererseits ist er halt immer noch ein Räuber, außerdem frisch aus dem Gefängnis entlassen und daher triebbefriedigungsmäßig ziemlich unterversorgt. Er lässt also die Würste nicht im Kraut, sondern *vertilgte sie ratzeputz, dass es nur so schnurpste. Es waren im ganzen neun Stück.* Neun Stück, da sind wir wieder ziemlich im Bereich des metaphorischen Plansolls, wobei über das Gewicht von Bratwürsten im Vergleich zu Messern und Pfefferpistolen gesondert zu diskutieren wäre. Hotzenplotz nötigt Großmutter jedenfalls, bei der ganzen Aktion, die am Ende auch nicht ohne Befleckung des Tischtuches abgeht, am Tische sitzend zuzuschauen. Purer Sadismus, mag man einerseits sagen, andererseits könnten diejenigen, die mit ihren Sympathien schon eindeutig ins Lager des Räubers übergelaufen sind, darauf verweisen, es könne sich dabei genauso gut um etwas wie ein externalisiertes Sublimierungsfragment handeln. Die Großmutter selbst scheint sich ihrer Funktion als abgespaltene und ausgelagerte Kulturleistung des wilden Mannes bewusst zu sein, bleibt sie doch gesittet sitzen, bis er fertig ist. Erst dann fällt sie in Ohnmacht.

Kasperl und Seppel dürften übrigens ahnen, was läuft, denn sie verdächtigen zuerst einmal Großmutter selbst, sich die Würste zu Gemüte geführt zu haben. So völlig falsch liegen sie dabei nicht, ist man versucht zu sagen, vor allem, wenn man den Beginn von »Hotzenplotz 3« kennt.

Großmutter macht sich an einem schönen Herbsttag ans Wäscheaufhängen, als der wegen guter Führung vorzeitig aus dem Gefängnis entlassene und inzwischen völlig geläuterte Hotzenplotz zwischen den Büschen auftaucht. Als einziges Epitheton seiner triebhaften Räuberexistenz trägt er übrigens jene krumme Feder am Hut; keine Pfefferpistole mehr, keine Messer, kein Säbel; auch keine Würste weit und breit. Ob Großmutter das passt, weiß man vorerst nicht so recht. *»Sind Sie schon wieder einmal in meinem Garten, Herr Hotzenplotz?« Der Räuber nickte und wollte aus seinem Versteck hervorkommen. Großmutter griff nach dem Sack mit den Wäscheklammern. »Keine Bewegung!«, rief sie, »sonst haue ich Ihnen den Klammernsack um die Ohren, dass Sie in keinen Hut mehr hineinpassen – Hände hoch!« Hotzenplotz konnte nicht ahnen, dass Großmutter neuerdings vor dem Einschlafen immer Räubergeschichten las.* Bitte sehr, die Dame macht sich schlau. Jemand, der Räubergeschichten liest, interessiert sich für Räuber, und jemandem, der selbiges vor dem Einschlafen immer tut, ist wohl vor allem an der libidinösen Besetzung des eigenen Räuberimaginationsvermögens gelegen. Wenn dann der reale Bösewicht wegen guter Führung vorzeitig entlassen wird und sozusagen sämtliche erektilen Teile auf dem Schrott lässt, wirft das alles großmütterlich Imaginierte gründlich durcheinander. Großmutter reagiert dementsprechend, überlistet

den Hoffentlich-noch-Räuber mittels eines reichlich plumpen Zwicker-Tricks und sperrt ihn in die Waschküche. Weshalb sie dann trotzdem in Ohmacht fällt, bleibt ein wenig rätselhaft. Vielleicht sind es ihre Phantasien darüber, was sie mit dem unter Verschluss genommenen Maskulinum jetzt tun könnte, die sie (buchstäblich) übermannen und schwummerig werden lassen: Kaffee mahlen, Bratwürste mit Sauerkraut kochen, et cetera, et cetera. Vielleicht ist das mit der Ohnmacht inzwischen auch ganz einfach Gewohnheit geworden.
Hotzenplotz, metaphorologisch zu Ende gebracht: Großmütter haben unklare Beziehungen zu Räubern; Räuber haben unklare Beziehungen zu Zauberern mit gleich langen Nasen, aber viel längeren Zaubererhüten; froschartige Amphibien werden in schöne Feen mit floralen Namen verwandelt; Polizeiwachtmeister wickelt man mehrmals in lange Feuerwehrschläuche und Hotzenplotze sperrt man am liebsten in Spritzenhäuser. Den Zauberer Zwackelmann bringt letztlich der Absturz seines Zauberstabes um, und die Witwe Schlotterbeck, die aus Kristallkugeln liest, sieht, wenn man ehrlich ist, ein wenig aus wie eine in die Jahre gekommene Dame aus dem horizontalen Gewerbe. Dass sie mit Vorliebe dicke Zigarren raucht, räumt man ihr als kleine metaphorische Reminiszenz gerne ein.
Wie sich das auf der metaphorischen Ebene schließlich mit den Kopfbedeckungen von Kasperl und Seppel verhält, ist sowieso eines der großen ungelösten Rätsel dieser Welt. Sind Zipfelmütze und Seppelhut, jene symbiotischen Symbolzwillinge, in erster Linie als die beiden Bauteile des männlichen Geschlechtsorganes zu verstehen oder doch als seine beiden bekannten Daseinszustände: lang, kurz? Keiner kann es sagen.
Am Ende sitzen jedenfalls alle um einen Tisch, einträchtig,

und Pickelhaube, Räuberhut mit steifer Feder und Säbel hat man ein wenig zwänglich auf den Kleiderständer hinsublimiert. Alles ist klar. Hotzenplotz wird Frau Schlotterbeck nehmen, Läuterung hin oder her, die Halbwelt ist schließlich immer schon lieber unter sich geblieben, und die Großmutter wird sich wohl oder übel an den Wachtmeister halten und am Abend im Bett ihre Räubergeschichten lesen.

Andere Menschen haben es nicht notwendig, am Abend im Bett Räubergeschichten zu lesen. Etwa Menschen, die mit ihren Geräuschen Mickys und Maxe zu allerlei Reisen veranlassen, oder zum Beispiel Astrid Lindgrens »Pippi Langstrumpf«. (Pippi ist die Größte, ohne Frage, und daher ist es gut, mit ihr aufzuhören.)

Pippi Langstrumpf tut erstens am Abend im Bett, was man als anständiger Mensch dort vor allem tut, nämlich schlafen. Und zwar schläft sie so, wie die Leute in Guatemala es tun, die Füße auf dem Kopfpolster und den Kopf tief unter der Decke. Zweitens braucht sie sowieso keine Räubergeschichten, denn sie rupft ihr Hühnchen mit Räubern in der Realität, das heißt, sie fesselt diejenigen, die an ihre Schatztruhe wollen, und setzt sie hoch auf Kästen, und wenn sie dann ganz artig geworden sind, schenkt sie ihnen ein Goldstück. Dass Pippi unter der Decke liest, ist übrigens eher unwahrscheinlich, wo sie doch von der Verschriftlichung von Dingen insgesamt nicht allzu viel hält und außerdem zum Beispiel den Buchstaben I noch nicht beherrscht.

Libidinöse Besetzung des Eigenen im Sinne der Individuation war das Stichwort, speziell die libidinöse Besetzung des eigenen Imaginationsvermögens. Wenn es jemanden gibt, der uns genau das, libidinöse Besetzung des Eigenen im Sinne der Individuation, fulminant vorführt, so ist es Pippi Langstrumpf.

Lustvoll wird gedacht, geturnt, gedichtet, geklettert, geputzt, geflunkert, werden Kekse gebacken und hohle Bäume erforscht, werden Lehrerinnen genervt und böse Buben auf Äste gehängt. Lustvoll wird im Zirkus der »schdarke Adolf« vermöbelt, und das ist eine winzige historische Fußnote wert, wurde das Buch doch in den Jahren 1943 und 44 geschrieben.

Symbolisch stellt wohl nichts besser Pippis polyvalente libidinöse Energie dar als die Villa Kunterbunt, jenes Haus am Rande der kleinen, kleinen Stadt, in dem sie, umgeben von einem verwilderten Garten, einem Affen und einem Pferd, wohnt. Alles ist ein wenig schief und zugleich ziemlich geheimnisvoll, das Wasser kommt aus einer Gießkanne, die auf der Veranda hängt, gescheuert wird einmal im Jahr (vielleicht), und wenn einem danach ist, spielt man drinnen »Boden nicht berühren« – was ohne Zweifel einer Vorstufe des Fliegens gleichkommt. Die Eltern sind weg, das fällt auf, ist doch Pippi erst neun; allerdings sollten die Eltern auch weg sein, das wurde uns eben erst eingeredet. *Pippi hatte keine Mutter und keinen Vater und eigentlich war das sehr schön, denn so war niemand da, der ihr sagen konnte, dass sie zu Bett gehen sollte, gerade wenn sie mitten im schönsten Spiel war, und niemand, der sie zwingen konnte, Lebertran zu nehmen, wenn sie lieber Bonbons essen wollte.* Das sieht man ein; die Art und Weise, in der die Eltern weggetan werden, ist freilich bemerkenswert. Die Mutter sei gestorben, heißt es, *als Pippi noch ein ganz kleines Ding war, das in der Wiege lag und so furchtbar schrie, dass es niemand in ihrer Nähe aushalten konnte. Pippi glaubte, dass ihre Mutter nun oben im Himmel sei und durch ein kleines Loch auf ihr Kind runterschaute, und Pippi winkte oft zu ihr hinauf und sagte: »Hab keine Angst um mich! Ich komm schon zurecht!«* Pippis Vater ist Schiffskapitän, segelt über die Meere, und Pippi glaubt, er sei inzwischen König über alle (Pippi sieht man die politisch unkorrekte Formulierung nach) Neger geworden. *»Meine Mama ist ein Engel und mein Papa ist ein Negerkönig. Es gibt wahrhaftig nicht viele Kinder, die so feine Eltern haben!«, pflegte Pippi sehr stolz zu sagen. »Und wenn mein Papa sich nur ein Schiff bauen kann, dann kommt er und holt mich, und dann werde ich eine Negerprinzessin.«* Astrid Lindgren hat offenbar ihren Freud gelesen.

An dieser Stelle, wie an vielen anderen auch, kommt es übrigens zu dem Phänomen, dass durch Metaphern (Engel im Himmel, Negerkönig auf einer fernen Insel) Imaginationsräume eröffnet werden, die es letztlich nicht so wesentlich machen, ob Pippis Mutter tatsächlich tot ist oder nur von ihr wegimaginiert wurde. Die Metapher bewirkt beides – sie macht einerseits den Tod der Mutter erträglich und sie erlaubt es – umgekehrt –, die Mutter sterben zu lassen. In diesem Sinn besitzt sie eine Brückenfunktion und tut, was sie verspricht: meta pherein – hinübertragen.

Apropos Metapher: Man könnte jetzt natürlich über die Frage reden, was es eigentlich mit diesen Strümpfen auf sich hat und mit den Strumpfbändern, die Pippi ständig trägt, und ob es sich bei einem langen Strumpf primär um ein Ding handelt, das dazu da ist, dass ein anderes langes Ding, also ein Bein, in es hineingetan wird, geradeso wie beim Schwert und der … Hülse. Man könnte auch über die Rolle von Thomas und Annika als Repräsentanten sowohl von Über-Ich-Anteilen als auch von abgespaltenen Ängsten reden oder über die Frage: Wofür stehen eigentlich Herr Nilsson, das Äffchen, und der Gute Onkel, das Pferd?

Man kann allerdings auch noch ganz geschwind über eine andere, metaphorisch höchst sonderbare Sache reden, den Spunk.

Als Thomas und Annika eines Morgens zu Pippi kommen, *saß sie mitten auf dem Küchentisch mit Herrn Nilsson, dem kleinen Affen, im Arm und einem glücklichen Lächeln auf den Lippen. (…) »Stellt euch vor«, sagte Pippi, »stellt euch bloß mal vor, dass ich es gefunden habe! Gerade ich und niemand anders!«* Was hat Pippi gefunden? *»Ein neues Wort«, sagte Pippi, »ein funkelnagelneues Wort. (…) Ein wunderschönes Wort, eins der besten, die ich je gehört habe. (…) Spunk!« »Spunk?«, fragte Thomas, »was bedeutet das?« »Wenn ich das bloß wüsste«, sagte Pippi, »das Einzige, was ich weiß, ist, dass es nicht Staubsauger bedeutet.«* Sie denkt nach: Ist ein Spunk die oberste Spitze einer blau angestrichenen Fahnenstange? Oder das Geräusch, wenn einem der Matsch zwischen den Zehen hochquillt? Ist Spunk teuer? Schmeckt er gut? Schließlich starten Pippi und ihre Freunde eine kleine Spunkfindungs-Expedition. Spunk sei ausverkauft, behauptet das Fräulein in der Konditorei, *das noch nie etwas von Spunk gehört hatte, aber nicht zugeben wollte, dass ihr Geschäft nicht eine ebenso gute Auswahl hatte wie alle anderen.* Der Eisenwarenverkäufer verwechselt Spunk mit einer Harke, und der Doktor meint, nein, Spunk sei in diesem Fall nicht zu diagnostizieren, und selbst wenn es so eine Krankheit gäbe, würde sie Pippi unter Garantie nicht befallen. Nachdem Spunk auch kein aus dem Zoo entwichenes wildes Tier ist, wie zwei erschrockene Damen vermuten, beschließen die drei Freunde, wieder nach Hause zu reiten. Sie hocken ein wenig ratlos auf der Veranda, als es passiert. *Über Pippis Gesicht breitete sich ein seliges Lächeln. »Ich weiß, das ist ein Spunk.« »Bist du ganz sicher?«, fragte Thomas. »Glaubst du etwa nicht, dass ich einen Spunk erkenne, wenn ich einen vor mir hab? Hast du jemals im Leben etwas derartig Spunkartiges gesehen?«* Was ist nun ein Spunk? Was hat Pippi da vor sich? Einen kleinen grünlichmetallischen Käfer. »*Mein lieber kleiner Spunk«, sagte Pippi zärtlich, »(...) wir sind in der ganzen Stadt herumgejagt, um einen Spunk zu finden, und dann ist er die ganze Zeit direkt vor der Villa Kunterbunt gewesen.*« Sehr fein. Ein Begriff findet seine Bedeutung, ein Ding erhält einen Namen. Wir befinden uns somit am Schnittpunkt von Semiotik und Hermeneutik, dort wo angeblich die Metapher entsteht. Schön für die Metapher, aber was hat Spunk nun mit unserem Thema zu tun? – Libidinöse Besetzung des Eigenen, in Ordnung – Sprache, Imaginationsfähigkeit, auf Pferden herumreiten. Aber sonst? Was bedeutet »Spunk« eigentlich? – Im Deutschen gar nichts; auch im Schwedischen und in den anderen skandinavischen Sprachen ist es nicht verzeichnet. Im Englischen allerdings wird man fündig. Im »Oxford Dictionary« lesen wir: »spunk – Mut, Mumm«, im großen Wörterbuch von »Collins«: »spunk – Mut, Mumm, Courage (im britischen Slang: Soße)«, und im »Wordsworth Dictionary of Sex« schließlich: »spunk – a slang term for semen (which has subsequently come to mean also *courage*)«, ein Mundartausdruck für Sperma also, der in der Folge auch die Bedeutung Mut, Mumm, Courage erhalten hat. Jetzt wissen wir, was Pippi dermaßen in Verzückung versetzt. Soße. Sperma. Quatsch!, ist man versucht zu sagen, Pippi mag wissen, dass man in Guatemala verkehrt herum im Bett liegt und dass in den Schulen Australiens den ganzen Tag »Lustifikation« auf dem Stundenplan steht, aber Slangausdrücke für Sperma kennt sie mit Sicherheit genauso wenig wie ihre jungen Leser. Na gut. Mit der Stoa und einem ihrer Zentralbegriffe, dem »logos spermatikos«, dem Leben spendenden Wort, wird sich auch nicht sie, sondern höchstens Astrid Lindgren beschäftigt haben. Freud hat sie, Pippi, nicht gelesen und Sophokles noch weniger. Was sie allerdings da ab Seite 249 mit ihrem Vater aufführt, der ihr im Baströckchen gegenübertritt, die Königskrone auf dem Kopf und den Speer in der Hand – na schau dir das an! Ob das mit Wiedersehensfreude allein zu erklären ist? Am Ende beißt sie ihn sogar in die Nase!

Schluss! Ich vertraue auf die libidinöse Besetzung Ihrer Imaginationsfähigkeit, meine Damen und Herren, und darauf, dass Sie bei nächster Gelegenheit nachblättern werden. Ansonsten müsste ich Ihnen die Sache ja vorlesen, und dafür ist jetzt wirklich keine Zeit mehr.

Vom Weggehen

Eine kurze Metaphorik der Stadt

Von einem Schriftsteller, der zugleich Psychiater ist, erwarten die Menschen ein gewisses Maß an Unberechenbarkeit. Darauf verlasse ich mich und spreche hier und heute nicht über das Naheliegende, also über Kinder und Dörfer, sondern vor allem über etwas anderes, über die Stadt. Darüber hinaus werde ich sprechen über das Laufenlernen, über Symbolbildung, über Tiergärten, über Flughäfen, über das Gedächtnis, über innerpsychische Repräsentanzen und über meinen Onkel Rudi. Mit anderen Worten, ich werde doch auch über Kinder sprechen. Ich hoffe, Sie werden mir das nachsehen.

Davor ist nachzuholen, was am Beginn einer ordentlichen Eröffnungsrede nicht fehlen darf – ein Zitat, das heißt in meiner Zwiegespaltenheit: zwei Zitate, ein psychiatrisches und ein literarisches.

Das psychiatrische, in diesem Fall von einem Philosophen. Schopenhauer (»Parerga und Paralipomena«):

Eine Gesellschaft Stachelschweine drängte sich an einem kalten Wintertage recht nahe zusammen, um durch die gegenseitige Wärme sich vor dem Erfrieren zu schützen. Jedoch bald empfanden sie die gegenseitigen Stacheln, – welches sie dann wieder voneinander entfernte. Wenn nun das Bedürfnis der Erwärmung sie wieder näher zusammenbrachte, wiederholte sich jenes zweite Übel, so dass sie zwischen beiden Leiden hin- und hergeworfen wurden, bis sie eine mäßige Entfernung herausgefunden hatten, in der sie es am besten aushalten konnten.

Der Stadtbewohner als armes Stachelschwein, hin- und her-

geworfen zwischen seinen Bedürfnissen nach Nähe und Distanz, das sollte man sich merken, vielleicht auch, dass Sigmund Freud diese Geschichte in »Massenpsychologie und Ich-Analyse« zur Illustration der Spannung zwischen Liebe und Hass verwendet hat.
Stichwort Stadtbewohner – das zweite Zitat, das literarische. Bert Brecht (»Lesebuch für Städtebewohner«):
Wenn du deinen Eltern begegnest in der Stadt (…) / gehe an ihnen fremd vorbei, biege um die Ecke, erkenne sie nicht / zieh den Hut ins Gesicht, den sie dir schenkten / zeige (…) dein Gesicht nicht / sondern / verwisch die Spuren!
Wenn du deinen Eltern begegnest in der Stadt, zeige dein Gesicht nicht, sondern verwisch die Spuren! – Das sollte man sich vielleicht auch merken.

Mein Onkel Rudi hatte weder eine Ahnung von Schopenhauer noch von Stachelschweinen und über Brecht hätte er vermutlich gesagt: »Von so einem Kommunisten lese ich kein Wort!« Trotzdem war er ein kluger Mann, dem ich vor allem zwei Dinge zu verdanken habe:
Erstens war er neben meinem Vater der entscheidende narrative Impulsgeber meiner Kindheit, das heißt, die Bilder jener Geschichten, die er mit Leidenschaft erzählte, haben sich sehr früh in mein Gedächtnis geprägt. Es waren Geschichten über seine dicke Schwester, die regelmäßig von der Schaukel fiel, Geschichten von Heuschobern, die man, sehr zur Freude des Bauern, durch das Aufstauen von Mühlbächen zu schwimmenden Inseln machte, und Geschichten von Rebhühnern, die unter Zuhilfenahme einer Hochspannungsleitung schwarmweise vom Leben zum Tode gebracht wurden. Es waren, und das ist unschwer zu erkennen, Landgeschichten, was

hundertprozentig zur Gegend passt, in der ich groß geworden bin.

Erstens also hat mir mein Onkel Rudi Geschichten erzählt. Zweitens hat er mir die Stadt gezeigt. Letzteres wiederum hat in doppelter Hinsicht damit zu tun, dass er Eisenbahner war. Einerseits bekamen die Eisenbahner damals (wie das heute, privilegienphobisch, gehandhabt wird, weiß ich nicht) pro Jahr eine bestimmte Zahl an Freifahrtscheinen, mit denen sie eine beliebige Strecke kostenlos zurücklegen durften, die sie daher nach Tunlichkeit nicht verfallen ließen. Andererseits tat mein Onkel seinen Dienst in Hubertendorf, einer Station, die neben den wenigen Leuten, die dort aus- und einsteigen, wirklich nur jenen Menschen bekannt ist, die im Rahmen einer milden Zwangsneurose Befriedigung darin finden, sämtliche Haltestellen der Westbahn auswendig zu lernen. An der Haltestelle Hubertendorf Dienst zu tun, bedeutete in Wahrheit – mit vier, fünf Ausnahmen pro Tag –, an einer Nichthaltestelle Dienst zu tun, das heißt, den Schranken rauf- und runterzukurbeln für Züge, die vorwiegend nicht anhielten, sondern durchfuhren, die einen in Richtung Linz, die anderen in Richtung Wien, immer jedenfalls in Richtung Stadt.

Es muss rund um meinen fünften Geburtstag gewesen sein, als ich von der zu meinem Onkel Rudi gehörigen und sehr freifahrtsfreudigen Tante Poldi an der Hand genommen und in den Zug nach Wien verfrachtet wurde. Die beiden hatten zwei Töchter und daher eine Ahnung davon, was Kinder interessiert. Demzufolge ging es in den Tiergarten Schönbrunn. Derselbe enttäuschte mich erst ein wenig, denn ich rief in mir die Bilder aus »Brehms Tierleben« ab, einem Buch, das bei uns zu Hause im Regal stand, und fand meine Favoriten nicht, weder den Vielfraß noch den Nashornvogel, schon gar nicht den

Wombat, der damals schon mein deklariertes Lieblingstier war. Immerhin gab es Hyänen, Kängurus und sogar ein echtes Nilkrokodil. Die Eisbären hatten nicht wie auf der Abbildung in meinem Buch einen schneeweißen, sondern einen leicht uringelben Pelz, das irritierte mich ein wenig. Trotzdem war mir am Ende innerhalb weniger Stunden klar geworden, dass es sich bei der Stadt um eine Einrichtung handelt, die einem dabei hilft, jenen Orten, die man sich ansonsten unter Aufbietung von Konzentration und Leidenschaft herbeiimaginiert, zum Beispiel der afrikanischen Savanne, dem australischen Busch oder dem Nördlichen Eismeer, real ein gutes Stück näher zu kommen.

Am Nachmittag stand ich dann übrigens im Kaufhaus Stafa auf der Mariahilfer Straße auf der ersten Rolltreppe meines Lebens und lernte so nebenbei, dass man in der Stadt leichter als anderswo hoch hinauskommt.

Ein halbes Jahr später – Freifahrtscheine mussten offenbar dringend konsumiert werden – war unser Ziel der Flughafen Wien Schwechat – nicht um wegzufliegen, sondern lediglich um zu schauen. Ich sah tatsächlich einige Flugzeuge, nur von weitem allerdings, was eine ähnliche Empfindung hervorrief wie einige Monate davor der uringelbe Pelz des Eisbären. Glücklicherweise war eine knallblaue Caravelle dabei, ein Düsenflugzeug, das ich von einer Abbildung aus dem zwölfbändigen »Großen Herder« kannte, der, von »Brehms Tierleben« abgesehen, die Hauptquelle meines Wissens darstellte. Das Starten und Landen und Menschenströmen führte mir jedenfalls deutlich vor Augen, dass es sich bei der Stadt um eine Einrichtung handelt, die einem dabei hilft, mit möglichst großer Geschwindigkeit möglichst weit aus ihr wegzukommen.

Die Stadt als Metapher des Wegganges, oder: Man fährt in die Stadt, um sich sofort wieder aus ihr fortzubegeben, innerlich oder tatsächlich – das war die scheinparadoxe Figur, die damals entstand, der ich im Übrigen auch heute noch folge, als Landgeborener, der zum Stadtbewohner geworden ist, der seinerseits keine Gelegenheit auslässt, aufs Land zu fahren.
Der Flughafen und der Tiergarten: Es geht ums Weggehen im buchstäblichen und im metaphorischen Sinn. Für jemanden, der in zeitgeistoppositioneller Weise noch an die Existenz von Innenwelten glaubt und gelegentlich tiefenpsychologische Vokabeln verwendet, geht es das ganze Leben hindurch um nichts anderes als ums Weggehen. Brecht, zur Erinnerung: *biege um die Ecke (…) / zeige (…) dein Gesicht nicht / sondern / verwisch die Spuren!*
In einer Zeit rasender Veränderungsbeschleunigung gibt es glücklicherweise neben der Sexuallehre der katholischen Kirche und den Bekleidungsvorschriften im Salzkammergut noch einige andere Dinge, die gleich bleiben. Eins davon ist die Tatsache, dass man sich entwickelt, körperlich und psychisch. Ab der ersten Sekunde nach der Geburt saugt und sieht man; nach einem Monat nimmt man kreuzmodal wahr, das heißt, man kann einen Schnuller, den man im Mund als glatt oder genoppt wahrgenommen hat, auch visuell richtig identifizieren; nach drei Monaten funktioniert die Auge-Hand-Koordination so weit, dass man imstande ist, nach dem Schnuller auch zu greifen; und nach gut einem Jahr krallt man sich das Ding, klemmt es sich zwischen die Zähne, steht auf und rennt davon.
Mit dem Gehen beginnt auch das Weggehen, und obwohl die ersten Schritte in aller Regel auf die Mutter zuführen, sind sie zugleich der Start eines Weges in die Gegenrichtung. Wäre das den Müttern bewusst, würden sie in dieser Situation wahr-

scheinlich nicht so euphorisch reagieren, wie sie es im Allgemeinen tun. Den Kindern nützt es jedenfalls, denn ihnen wird auf diese Weise signalisiert: Es ist wunderbar, dass du weggehst!

Enden wird dieser Vorgang der Geburt des Weggehens, also der Individuation, mit der Fähigkeit, Symbole zu bilden. – Dieser Vorgriff ist nötig, um die (quasi selbstreferenzielle) Zentralgestalt dieser Rede einzuführen, die Stadt als Metaphernhort für den individuierten, den metaphernmächtigen Menschen. Oder anders: Stadtfähigkeit besitzt in Wahrheit nur der Mensch, dem das Weggehen aus der primären Symbiose geglückt ist. Das Gelingen des Weggehens aus dieser Abhängigkeit von der Mutter bedeutet letztlich Metaphernmächtigkeit. Demzufolge rekonstruiert sich der individuierte Mensch die Stadt als Abbild seines Individuationsprozesses, als – und da waren wir schon einmal – Metapher des geglückten Weggehens.

»Symbiose, Metapher und Mächtigkeit«, hätte mein Onkel Rudi an dieser Stelle gesagt, »das klingt alles furchtbar gescheit, aber weißt du: Deswegen hast du studiert und ich bin ein kleiner Eisenbahner geworden. Ich weiß nur: Ich fahre manchmal in die Stadt, weil eine Freifahrt fällig ist und die Poldi zum Stafa muss oder zum Komolka in der Mariahilfer Straße, um Stoff und Nähseide einzukaufen, und am Abend bin ich froh, wenn ich wieder wegkomme.« Ich hätte vielleicht versucht, ihm zu erklären, warum ich gerade ihn für einen stadtfähigen Menschen halte, aber er hätte es vermutlich nicht verstehen wollen und mir entgegengehalten, sein Schwager Heinz, das sei ein stadtfähiger Mensch, der sitze mit seiner Wampe in dieser winzigen Wohnung am Gaudenzdorfer Gürtel, rühre sich nicht von der Stelle, lasse sich von seiner Frau füttern und glaube, er sei der Bürgermeister. »Der Heinz rührt sich nicht von der Stelle und lässt sich füttern«, hätte ich gesagt, »da haben wir das Problem.«

Mit dem Gehen beginnt auch das Weggehen. – Den Zusammenhang zwischen äußerem und innerem Weggehen hätte Onkel Rudi am Ende vermutlich verstanden, denn ich hätte ihm von dem eineinhalbjährigen Kind erzählt, das wir alle einmal waren. Ich hätte ihm von dem Moment erzählt, in dem dieses Kind von der Mutter wegläuft, um die Ecke biegt, sich umsieht und sich plötzlich allein und ohne Mutter wiederfindet. Für eine Sekunde verfällt es in einen Zustand, der viel von Panik an sich hat, aber zumindest genauso viel von Euphorie.

Dann gebe es da einige Bausteine, hätte ich gesagt, aus denen man sich die Fähigkeit des inneren Weggehens, also die sich herausbildende Identität, zusammengesetzt denken könne, und ich hätte sie aufgezählt:

Gedächtnis, innerpsychische Repräsentanzen, Sprache, Symbolisierungsfähigkeit.

Und ich hätte wahrscheinlich nicht hinzugefügt, wie ich es jetzt tue, dass das gleichermaßen Zentralparameter dafür sind, was sich da unter der Metaphernmacht des individuierten Menschen konfiguriert, Zentralparameter für die Identität von Stadt:

Gedächtnis, innerpsychische Repräsentanzen, Sprache, Symbolisierungsfähigkeit.

Eins nach dem anderen, wie es der Brauch ist:

Gedächtnis.

Wer den Schritt aus dem bergenden Nest in die Unsicherheit gewagt hat, tut gut daran, sich zu merken, woher er gekommen ist. – Die Sache beginnt beim Säugling mit der Automatisierung einfacher Wahrnehmungs-Handlungs-Schablonen, gewinnt innerhalb des ersten Lebensjahres zunehmend an Komplexität und wandelt sich mit wachsender motorischer Autonomie zur Speicherung kategorialer Inhalte. Geschehnisse werden bildhaft im Gedächtnis festgehalten, willkürlich evozierbar und auf diese Weise zu Kristallisationskernen von dem, was man gemeinhin Erfahrung nennt. Man sitzt zum Beispiel auf den Schultern des Vaters und fühlt sich sicher, man sieht den immergleichen Schatten an der Wand und ängstigt sich, oder man schaut von unten durch die Auslage eines Fischgeschäftes direkt ins Gesicht eines Karpfens und fühlt sich fremd. So war es jedenfalls bei mir, sagt mir mein Gedächtnis. Eine erste Spur von Ich-Bewusstsein ist entstanden, ebenso der Ausgangspunkt einer Biografie.

Die Stadt ihrerseits war immer schon Behältnis eines universalen Gedächtnisses und ist es heute mehr denn je. – Wenn gegenwärtig allenthalben die Krise der Erfahrung und der Verlust des Historischen aufgrund zunehmender Erfahrungsbeschleunigung beklagt wird, muss man auf der anderen Seite konstatieren, dass kompensatorisch die urbanen Gedächtnisorgane hypertrophieren und konjunkturell ganz und gar nicht im Tief stehen, jene Speicher, die bei Bedarf die Lücken in unseren Lebensläufen schließen. Urbane Gedächtnisorgane, das sind zum Beispiel Archive, Bibliotheken und Museen. Dass gelegentlich Salzfässer aus dem Fundus der kollektiven Erinnerung verschwinden, ist in Wahrheit ganz gut zu verschmerzen.

Innerpsychische Repräsentanzen.

Wer die Unsicherheit des Weggehens riskiert, tut gut daran, sich das Wohlwollen jener Instanz zu erhalten, die ihm ursprünglich Sicherheit gegeben hat. – Das Kind, das um die

Ecke biegt, um sich der fremden Welt auszusetzen, ahnt, dass es allein im Grunde verloren ist. Daher schafft es sich ein inneres Bild der Mutter, das emotional positiv besetzt ist und bleibt, wie es ist. Es hängt sich gewissermaßen diese Mutter-Ikone über das innere Bettchen und weiß somit, dass die reale Mutter nicht stirbt, wenn sie aus dem Blick entschwindet. Gelegentliches Auftanken an ihrem Rockzipfel stärkt die Konturen des inneren Objektes und macht es verwischsicher.

Die Stadt ihrerseits schafft sich Repräsentanzen der Mutter, aus der sie gekrochen ist, soll heißen, des Landes, indem sie in erster Linie abbildet, was die Differenz ausmacht, also Natur. Dachgärten schießen ins Kraut, in Fußgängerzonen wachsen aus Betonkübeln veritable Bäume, man schreibt Bepflanzungswettbewerbe aus und rechnet Quadratmeter Grün in Kubikmeter vegetabil produzierten Sauerstoffes um. Daneben existiert natürlich unverrückbar das Urbild der Repräsentanz des Landes in der Stadt, der Park. Ein wenig verstaubt wuchert er vor sich hin und strahlt, indem er den Düngerbedarf seines Gesträuches durch eine unstandardisierte Mixtur animalischer Fäkalien deckt, hierorts Hundstrümmerl genannt, jene angenehme Ironie aus, die kennzeichnend ist für Wesen, die das Weggehen endgültig geschafft haben.

Sprache.

Wer sich dem Unbekannten aussetzt, tut gut daran, es benennen zu können. – Verschränkt mit der Möglichkeit, Repräsentanzen, also aus äußeren Dingen innere Bilder zu erschaffen, erscheint beim Kind am Ende des zweiten Lebensjahres die semiotische Funktion, das heißt, die Fähigkeit, dieselben – äußere Dinge und innere Bilder – in Begriffe zu schnüren und auf diese Weise handlich zu machen. Das Gefühl der eigenen Wirkmächtigkeit, das sich mit den ersten eigenen Schritten sozusagen auf den Weg gemacht hat, erfährt mit den ersten eigenen Worten eine ungeheure Affirmation. Die Welt wird in Sprache gegossen und durch den Mund ein zweites Mal geboren. Die Kinder sagen übrigens immer noch zuerst »Mama« oder »Auto« und nicht »iPad«, was logisch, oder »Kinderdorf«, was einer bestimmten Menschengruppe auch ganz sympathisch wäre.

Die Stadt ihrerseits nimmt ihre Sprachen, legt ihnen ein sanftes Zaumzeug an und steckt sie in Reservate, in denen ihre Spezifika gehütet und gepflegt werden können. Die Sprache der Dichtung findet sich wieder in Bibliotheken, Theatern und Literaturhäusern, die Sprache der Macht in Parlamenten, Landhäusern und Polizeiwachzimmern und die Sprache der Verwaltung in Wien zum Beispiel in der MA 24, zuständig für Hochbau, oder in der MA 12, Sozialhilfe und Erwachsenenbetreuung. Über die Versuche, die Struktur der Stadt selbst als Text, also als sprachliches Konstrukt aufzufassen, rede ich jetzt nicht, denn Onkel Rudis Schwager Heinz hätte dazu in seiner Gaudenzdorfer Variante der Stadtsprache mit Sicherheit nur gesagt: »So a Bledsinn!«

Symbolisierungsfähigkeit.

Wer die Absicht hat, zwischen dem Konkreten und dem Vorgestellten zu vermitteln, tut gut daran, sich eine Übersetzungshilfe zuzulegen. – Das Kind, das die Mutter bereits verlässt, aber innerlich noch nicht ausreichend fix verankert hat, studiert heutzutage seinen Winnicott und benützt ein Übergangsobjekt. Mit anderen Worten: Die Kuscheldecke oder der Teddybär, die in derartigen Lebenslagen herhalten müssen, sind einerseits Hilfsmittel, um die Abwesenheit der Mutter zu ertragen, andererseits die ersten Vehikel, anhand derer sich das »als ob« konstituiert, diese neben dem Realen und dem Imaginären dritte Welt, in der das konkret nicht Vorhandene anschaulich gemacht wird. Das Spiel erreicht einen ersten Höhepunkt, Puppen und Stofftiere dürfen zur Freude der Eltern endlich in größerem Umfang gekauft werden, und irgendwann passiert es dann, dass sich das Kind in den Karton hockt, in dem der letzte Fernseher verpackt war, vielleicht noch eine Decke darüber zieht und »Haus« spielt. Haus. – Damit hat es die Metapher für die eigene Persönlichkeit schlechthin erschaffen. – Um zu zeigen, wie ich in mir selbst behaust bin, zeige ich euch mein Haus. Indem ich euch mein eigenes Haus zeige, zeige ich euch, dass ich auch innerlich weggegangen bin. Indem ich euch zeige, dass ich innerlich weggegangen bin, zeige ich auch, dass ich bereit bin, mein Haus neben andere zu stellen – also eine Stadt zu bauen.

Die Stadt als Metapher des geglückten Wegganges, als Symbol der erlangten Symbolisierungsfähigkeit.

Hier schließt sich der Kreis.

Wem gehört eigentlich die Stadt? »Den Tauben«, hätte mein Onkel Rudi vielleicht gesagt, oder: »Dem Bürgermeister«, oder: »Der Müllabfuhr.« Oder er hätte von den zwei Millionen Ratten gesprochen, die es angeblich in Wien gibt. Ich hätte ihm vielleicht die Geschichte vom kleinen Kind erzählt, das in den Karton kriecht, in dem der letzte Fernseher verpackt war, und die hätte er gut verstanden.

Wem gehört also die Stadt? – Dem Kind, das in seiner frisch erlangten Metaphernmächtigkeit »Haus« spielt. Oder genauer: dem Kind, das in seiner frisch erlangten Metaphernmächtigkeit heute »Haus« spielt und morgen von seiner Stadt vor allem eines will: dass sie mit allem, was sie an Symbolkraft, an metaphorischer Potenz aufzubieten hat, Stadt bleibt, mit Hochhäusern, U-Bahn-Schächten, Museen, Theatern, Großkaufhäusern, Stadtautobahnen, Gefängnissen, Bordellen, Tiergärten und Flughäfen. Genauso wie es für ein Kind, dem der innere Weggang einmal geglückt ist, das Allerschlimmste ist, in die Arme symbiotischer Umklammerung zurückzukehren, ist es für die Stadt das Allerschlimmste, wieder zu dem gemacht zu werden, was sie irgendwann einmal war, zum Land. Stadt und Kinder benötigen nämlich gleichermaßen eins: Eindeutigkeit.

Eindeutig ist, dass ich jetzt am Schluss angelangt bin und mir nur noch eins zu tun bleibt – zu wünschen:
Dem SOS-Kinderdorf Wien – dass in ihm möglichst viele Kinder zu metaphernmächtigen jungen Menschen heranwachsen, denen am Ende vor allem eines gelingt: das Weggehen.
Den Kindern, die hier aufwachsen – dass sie eine Stadt vorfinden, die es konkret und metaphorisch lohnt, sich ihrer zu bemächtigen.
Und schließlich unserer Stadt – dass sie auf ihre individuierten Kinder stolz ist, gerade weil sie sind, wie sie sind: abgegrenzt, fordernd, schüchtern, frech, empfindlich, laut, phantasievoll, faul, nachtaktiv, romantisch und schlimm; und dass sie vor allem dann auf diese Kinder besonders achtet, wenn sie tun, was sie tun sollen, nämlich weggehen.

Mit dem Kopf im Sturm

Über Identität

Es gibt Dinge im Leben, die werden irgendwann einmal erfunden, und schon kommt man ohne sie nicht aus. Der elektrische Strom gehört dazu, das Mobiltelefon, das Internet oder der Serotonin-Rezeptor. Mit der Identität verhält es sich ähnlich. Plötzlich war sie da, und schon brauchte sie ein jeder. Dass das mit dem Untergang der Monarchien, mit der Entmachtung Gottes und mit der zunehmenden Mobilität der Menschen zu tun hat, ist eine vermutlich zutreffende Hypothese der Geschichtsphilosophen und Soziologen. Psychologisch scheint es jedenfalls so zu sein, dass ein Grundbedürfnis des Menschen nach Identität existiert, das heißt, nach dem Gefühl, mit sich selbst eins zu sein und über die Zeit hinweg auch zu bleiben. Die Begriffe, die dieses Gefühl näher erfassen, beginnen alle mit »Ko«, was ein Zufall und nicht auf eine infantile Neigung zu Sprachspielen meinerseits zurückzuführen ist. Kontinuität, Konstanz, Konfliktfähigkeit.

Am Beginn von Yves Roberts Verfilmung des Louis-Pergaud-Romans »Der Krieg der Knöpfe« laufen der sechsjährige Klein-Gibus und sein großer Bruder hinter dem Briefträger her, um ihm Marken der Tuberkulosehilfe anzudrehen. Der Briefträger will keine Marken mehr und ergreift die Flucht. Er glaubt sich schon in Sicherheit, da sieht er sich plötzlich einem Birkenast gegenüber, den ihm die Buben aus Velrans, dem anderen Dorf der Geschichte, aus einem Hinterhalt vors Vorderrad werfen, und baut einen Sturz. Klein-Gibus meint empört, es sei Besitzstörung, ihren, den Briefträger aus Longverne, zu

Fall zu bringen, und das sei typisch für die Schlappschwänze aus Velrans.
Sich über die Zugehörigkeit zu einem Dorf, über den Besitz eines Briefträgers oder einer Schule samt Lehrer definieren zu können, hat augenscheinlich mit Konstanz zu tun, damit, dass Dinge, Personen, ihre Eigenschaften und Konstellationen so bleiben, wie sie immer waren. Dies entspricht einem prämodernen Konzept von Identität, einem Bogen, der innerhalb der sozialen Struktur der beiden Dörfer transgenerational gespannt wird, ohne dass sich groß was ändert. Die Bauern von Velrans und Longverne waren seit jeher Bauern, der Lehrer wird bleiben, bis er in Pension geht, und die Kinder werden im nächsten Jahr zur selben Zeit wieder Tuberkulosemarken verkaufen. Das Gleichbleibende steht in Dominanz da und bildet das Behältnis einer quasi A-priori-Identität, in dem die Jugend sich sicher und zugleich frei bewegen kann, einzeln oder organisiert, friedlich oder wild.
Auf Provokation folgt Rache, auf den Unterricht Freizeit, auf eine Schlacht Waffenstillstand, und wenn man nicht weiß, wer in Frankreich wählen darf, muss man nachsitzen. Das nennt man Kontinuität. Die Dinge sind vertraut und berechenbar, sogar die Zornanfälle der Väter. Das wiederum hat mit Konfliktfähigkeit zu tun, selbst in jener tragischen Szene, in der Lebrac, der Anführer der Kinder aus Longverne, die Züchtigung von seinem Vater fordert, weil es doch bisher immer so war und daher gar nicht anders sein darf. Überhaupt ist der Film voll von herrlichen Konflikten, und sie werden stets an jener Grenze zwischen dem Brachialen und Symbolischen ausgetragen, an der der Mensch sein Zusammenleben organisiert. Oder für jemanden, der noch Spaß an der psychoanalytischen Sprache hat: Kastration findet per Taschenfeitel nicht am Organ statt,

sondern an Gürteln, Schuhbändern und Hosenträgern – oder eben an Knöpfen. Gelebte Metaphorik, sozusagen.
Was interessieren uns Taschenfeitel, könnte man fragen, was kümmern uns in Zeiten von Großraumjets, Breitbandinternet und ständig fallenden Roaming-Gebühren Fahrräder und prämoderne Konzepte von Identität? Und überhaupt gehören Briefträger bestenfalls in eine Sammlung bedrohter Arten und sonst nirgendwohin. Stimmt, sage ich, es gibt in diesem Film kein Fernsehen, nicht einmal Radio, das schnellste Fahrzeug, das vorkommt, ist ein Traktor, und auch die Eiche, in deren Krone sich Lebrac versteckt, wird nicht mit einer Motorsäge gefällt, sondern per Hand. Außerdem, gestehe ich gleich, ist der Film 1961 erschienen, im Jahr meiner Geburt, also hat das ganze sowieso vor allem mit Sentimentalität zu tun. Von mir aus, damit wären wir zugleich wieder beim Thema: Zukunft braucht Herkunft, Anschlussfähigkeit ist angesagt, oder: Identität ohne Kontinuität ist keine. Also Kontinuität: 1961 ff.:
Meine Kindheit fand auch auf dem Dorf statt, in ihr gab es ebenfalls Bandenkriege, Traktoren, die wir ohne Wissen ihrer Besitzer in Betrieb nahmen, väterliche Affektdurchbrüche und metaphorische Kastrationen, die per Taschenfeitel vorgenommen wurden. Freilich gab es da plötzlich auch Telefon und Fernsehen (den Kasperl am Mittwochnachmittag, im Anschluss daran »Wer bastelt mit?«, »Lassie«, »Fury« und »Daktari«, dazwischen viel herrliches Testbild, aber das ist inzwischen, was Briefträger demnächst sein werden, nämlich ausgestorben), es gab Eltern-Zeitschriften, die von den fortschrittlichen Müttern gelesen wurden, und für meine angeblich blutarmen Schwestern die Höhensonne bei unserem Hausarzt. Unsere Väter hatten sich gelöst aus der prämodernen Umklammerung ihrer Ursprungssozietäten und in anderen Dörfern Einfamilienhäuser

gebaut, sie hatten Autos gekauft, vorwiegend VW Käfer und Opel Kadett, und damit konkret dafür gesorgt, dass für uns Buben der Tachometer zum Zentrum der Welt wurde. Im Leben geht es um Geschwindigkeit – in gewisser Weise begriffen wir das damals schon.

Was jedenfalls abgelaufen war, war der für die klassische Moderne charakteristische Prozess der Individualisierung, jener Vorgang, der dem Einzelnen substanzielle Handlungsalternativen eröffnete und zugleich eine größere Verantwortung für die Gestaltung seines eigenen Lebens übertrug. Mein Vater zog weg aus dem Ort seiner eigenen Kindheit (in dem seine Schwester zum Beispiel noch blieb) und wurde nicht Eisenbahner (wie sein Vater und seine Brüder), sondern Lehrer. In der Generation unserer Eltern erfuhr das Projekt der Identität eine paradigmatische Verschiebung in Richtung Lebenslaufregime, das werden viele von uns aus eigener Erfahrung nachvollziehen können. Der Lebenslauf des Standardindividuums, die Normalbiografie, wurde zum wesentlichen Orientierungsraster. Der implizite Auftrag an die Menschen lautete: Wähle einen Beruf; gründe eine Familie; tritt einer Partei bei. Kennzeichnend für diese Vorgänge war ihre Einmaligkeit, und es ist auch soziologisch-empirisch ausreichend gut belegt, dass eine einmal gefundene Identität dieser Art nur selten revidiert wurde. Konkret: Mein Vater war sein Leben lang Lehrer, ist immer noch mit meiner Mutter verheiratet und der Verdacht, dass er trotz heftiger Seelenqualen heute dieselbe Partei wählt wie vor vierzig Jahren, ist nicht von der Hand zu weisen. Das Gelingen seines individuellen Identitäts-Projektes ist aus dem Glücken des am skizzierten Schema orientierten individuellen Lebenslaufes abzuleiten: Ich hatte einen Beruf, aus dem ich in Pension gegangen bin, ich habe immer noch dieselbe Familie, ich habe immer noch dieselbe Weltanschauung. Aus der transgenerationalen A-priori-Identität der Prämoderne ist die intragenerationale A-posteriori-Identität der klassischen Moderne geworden, jenes Muster, dem zwangsläufig die meisten von uns anhängen. Wir haben studiert, sind Ärzte oder Journalisten geworden und wollen das auch bleiben; wir sind immer noch mit dem gleichen Partner verheiratet, und wenn wir das nicht mehr sind, hat es vermutlich eine Zeit gegeben, in der wir uns ziemlich schlecht gefühlt haben; wir engagieren uns politisch oder NGO-mäßig, und wenn wir das nicht tun, so wissen wir zumindest, wo wir es tun würden, und das hat sich seit Jahrzehnten nicht verändert. Was sich verändert hat, ist die Antwort auf die Frage, ob, wann beziehungsweise in welcher Weise wir einmal in Pension gehen werden, oder auf die Frage, ob unsere Kinder, die jetzt Medizin studieren oder Ausbildungen zum Webdesigner machen, diese Berufe irgendwann einmal auch ausüben werden. Wir wissen es nicht. Aus dem Zeitbewusstsein unserer Eltern, das ein eindeutig formulierbares Ziel hatte, ist unseres geworden, das zwar auch noch linear und intragenerational aufgespannt ist, jedoch eine offene Zukunft besitzt. Nur der Tod ist gewiss, das beruhigt nicht wirklich, aber damit höre ich schon auf, denn wer über Kinder spricht, sollte kein Apokalyptiker sein.

Apropos Kinder: Ab und zu beschleicht uns vielleicht die Sorge, dass es unseren eigenen Kindern in dieser Welt gehen könnte wie Klein-Gibus im »Krieg der Knöpfe«, der jedes Mal, wenn ihm die Dinge über den Kopf wachsen, das Gesicht verzieht und jammert: *Wenn ich das gewusst hätte, wäre ich nicht mitgekommen.*

Dadurch, dass sich der Wandel fundamentaler sozialer Strukturen rascher vollzieht als der einfache Generationenaustausch, werden Lebenslaufprogramm und die Orientierung an der Normalbiografie endgültig erodiert. Ausbildung findet andauernd statt und führt trotzdem nicht notwendigerweise zu einer entsprechenden Berufstätigkeit; mit der Partnersuche verhält es sich genauso; die inhaltliche Variabilität in den Programmen politischer Parteien ist bemerkenswert, und von der Frequenz, in der Mobiltelefone und MP3-Player neu angeschafft werden müssen, rede ich gar nicht. Die lebenslange Monogamie in Bezug auf Beruf, Intimbeziehungen und Wohnort wird abgelöst durch serielle Monogamie, wie der Jenaer Soziologe Hartmut Rosa, der das Phänomen der Beschleunigung wie kein anderer ausgeleuchtet hat, es nennt. Identität wird somit abhängig vom Zeitpunkt, an dem man auf ein Leben schaut, wird zum Querschnittsphänomen oder transitorisch.

Lebensabschnittsidentität ist angesagt, und innerhalb derselben tut man alles, um dem Akzelerationsgebot des Alltags gerecht zu werden: Man beschleunigt die Einzelhandlungen, man verkürzt oder eliminiert Pausen und Ruhezeiten und man praktiziert, was früher nur Cäsar oder Napoleon konnten, nämlich Multitasking: Zeitsparend beantwortet man neben einem Mitarbeitergespräch eine E-Mail und aktualisiert den elektronischen Kalender. Wir, jene sogenannten Erwachsenen, die es nicht mehr werden können, tun, was wir können, keine Frage. Trotzdem fühlt man sich insuffizient und bedroht. Einerseits durch das Wahrnehmen der eigenen defizitären Verfassung und ebenso durch jene, die es offenbar besser können, durch die Kinder. Sie werden im Gegensatz zu uns in diese Welt hineingeboren, kennen keine andere, sind offensichtlich aufmerksamer als wir, einstweilen noch erfahrungssicher und begreifen schnell – »digital natives«, wie sie neuerdings heißen. Im Wahrnehmen der intergenerationalen Kluft, die sich da auftut, bietet man auf, was man als unkundiger »digital immigrant« zur Verfügung hat: Projektion ist eine Möglichkeit: Man projiziert den abgewehrten eigenen Mangel auf die anderen, in unserem Fall auf die Kinder, sucht infolge des eigenen Aufmerksamkeitsmangels und infolge der eigenen unbewussten Aggression bei ihnen nach Aufmerksamkeitsdefiziten und herandräuender Kriminalität und versucht diese durch Kontrollmaßnahmen in den Griff zu bekommen. Methylphenidat, am besten per Gießkanne, Neuroleptika spätestens ab der zweiten Rauferei, und nach dem Rauch- und Alkoholverbot vielleicht eine Bestimmung, die die Zusammenrottung auf Schulhöfen untersagt.

Apropos Zusammenrottungen auf Schulhöfen: Im »Krieg der Knöpfe« finden sie regelmäßig statt; in den Pausen, versteht sich, und unter dem wohlwollend strengen Auge des Lehrers; einer der besonders sympathischen Aspekte dieses Filmes ist übrigens, dass er Schule vorwiegend in den Pausen zeigt. In den Pausen passiert, was auch zur Identität gehört, nämlich das Lernen von Konfliktfähigkeit, oder, um einen Begriff zu verwenden, der konjunkturell derzeit nicht allzu sehr im Hoch steht, von Basisdemokratie. Man diskutiert, streitet, stimmt ab und ist sich am Ende einig. In einer der schönsten Szenen des Filmes resumiert es Klein-Gibus: *Gleichheit ist, wenn keiner bezahlen muss.*

Apropos Rauchen und Trinken: Der Einzige, der im »Krieg der Knöpfe« raucht, ist Monsieur Simon, der Lehrer. Er tut das auf dem Hof und in der Klasse und ist offenbar sicher, dass das in Frankreich noch lange möglich sein wird. Betrunken sind einerseits jene Väter, die auf die Suchexkursion nach einem abhandengekommenen Buben unglücklicherweise einige Flaschen Wein mitgenommen haben und daher nicht sehr weit kommen, andererseits Klein-Gibus, dem von einem der Väter aus Velrans so lange Schnaps eingeflößt wird, bis er wirklich lustig ist. Komatös ist in dem Film niemand, das beruhigt, und wer verantwortlich ist dafür, dass Kinder trinken, ist klar, das beruhigt auch, zumindest den Kinderpsychiater.

Apropos Aufmerksamkeitsdefizit: Für einen Außenstehenden mag es ein wenig sonderbar erscheinen, dass gerade jene Kinder, die punktgenau tun, was die zunehmende Veränderungsbeschleunigung verlangt, als besonders behandlungsbedürftig gelten. Sie beschleunigen ihre Handlungsepisoden, verkürzen ihre Pausen und Ruhezeiten und machen mehrere Dinge nebeneinander, betreiben also Multitasking. Dann kriegen sie ein Medikament. Aber es hat ja schon Blaise Pascal gesagt, dass das Übel der Welt damit beginnt, dass der Mensch nicht fähig ist, längere Zeit in einem geschlossenen Raum zu bleiben, und Pascal war ein großer Philosoph; an den kann man sich halten.

Expertenkinder und Abwehrstrategien war das Thema, Projektion eine Möglichkeit. Eine andere ist Reaktionsbildung, oder wie man auch manchmal sagt, Identifikation mit dem Aggressor. Man identifiziert sich mit dem vermeintlichen Angreifer, den jungen Menschen, denen eine transitorische Identität selbstverständlich ist, wähnt in dieser Identifikation die Lösung und stellt das Ganze unter den Titel der Vernunft. Man befasst sich mit Hochbegabtenförderung möglichst schon im Kindergarten, mit multilingualem Unterricht in der Volksschule, watcht Babys oder screent zum Beispiel Dreijährige. Die wahren Modernisierungsopfer übersieht man auf diese Weise übrigens garantiert: die Behinderten, die nicht so Klugen, die früh Verwahrlosten – die strukturell Überflüssigen, wie es heutzutage so hübsch heißt.

Kinder, und das war immer so, besitzen grundsätzlich mannigfaltige Fähigkeiten, sich gesellschaftlichen Bedingungen anzupassen. Unsere Kinder werden daher mit ihren Lebensabschnittsidentitäten zurechtkommen, wie wir es mit unserer normalbiografisch fundamentierten Identität tun, daran besteht kein Zweifel. Womit sie vielleicht größere Schwierigkeiten haben werden als mit den Beschleunigungsbedingungen, sind die individuellen und gesellschaftlichen Projektionen, die sie in Form ausufernder Verbote, Reglementierungen und Kontrollen vorfinden. Daran werden sich die jungen Menschen stoßen, daran wird sich ihr Konfliktbedarf entzünden, und das wiederum wird nur gutgehen, wenn man sicherstellt, dass ihre Abschnittsidentitäten Kontinuität bewahren, das heißt, nicht als isolierte Fragmente durch die Gesellschaft taumeln.

Was also tun, damit ein bisschen was von dem übrig bleibt, was die allerletzte Szene des »Kriegs der Knöpfe« zeigt?
Lebrac und Azteke, die Bandenhäuptlinge, treffen einander im Schlafsaal jenes Internates, in das sie beide strafweise gesteckt wurden. Monsieur Simon, der Lehrer, und der Anstaltsleiter gehen hinaus. Die beiden Buben turnen über die Betten und sind sichtlich froh, einander zu haben. Am Ende sitzen sie da, und Lebrac sagt zu Azteke: *Stell dir vor, wenn wir beide groß sind, sind wir genauso blöd wie die.*
Das ist anschlussfähige Identität. Was also tun?
Der Psychoanalytiker Wilfred Bion hat ein Modell für die Interaktion zwischen Menschen geprägt, mit dem er unsterblich geworden ist, das des Containers. Ich glaube, in Zeiten, in denen im Fahrtwind der Veränderungsbeschleunigung so manches wegzufrieren droht, Identität unter anderem, sollten

wir unseren Kindern in erster Linie Container bauen. Ein Container hat einen Boden, einen Deckel und vier Seiten.

Der Boden, ganz simpel. Eltern, Lehrer und Kinderpsychiater haben den Kindern und Jugendlichen gegenüber vor allem eine grundlegende – und übrigens höchst schwierige – Aufgabe: Sie haben sich überflüssig zu machen. Mit anderen Worten: Das Gelingen unserer Funktion als Mutter, Vater, Lehrer oder Kindermediziner merken wir daran, dass wir von unseren Kindern nicht mehr gebraucht werden. Wenn wir uns das vor Augen führen und es ertragen, ist ein Container-Fundament geschaffen.

Die vier Seitenteile.

Erstens. Die Pflege von Usancen. Man backe Kekse, feiere Weihnachten, singe im Chor, gehe täglich um drei vor halb außer Haus und fange auf Familien-Autofahrten nach dreißig Kilometern an, Soletti zu essen und nach sechzig »Wer sieht die meisten Mercedes?« zu spielen. Man bringe die Kinder am Samstagmorgen in die Schule und stehe bitteschön pünktlich am Bahnsteig, wenn sie vom Schikurs zurückkommen. Man sage auch dem pubertären Mutisten täglich lächelnd »Guten Morgen«, lächle entsprechend weniger, wenn die vereinbarten Verpflichtungen nicht erfüllt werden, und halte trotzdem die Auszahlungstermine des Taschengeldes peinlich genau ein. Als Lehrer bringe man ihnen das Einmaleins bei, den Lehrsatz des Pythagoras, den Ablativus absolutus und weise darauf hin, dass die Schulglocke nicht nur ein willkürlicher akustischer Akzent im Tagesablauf ist. Man scheue sich nicht, ein Gewohnheitstier zu sein, denn Gewohnheitstiere wissen, wo sie hinsteigen, und so ein deutlicher Fußstapfen ist für jedes Kind etwas sehr Bequemes.

Zweitens. Das Hochhalten des Details. Backen Sie nicht nur

Kekse, sondern verzieren Sie sie auch; feiern Sie nicht nur Weihnachten, sondern bestehen Sie auf dem weißen Tischtuch mit dem gelben Rand; weisen Sie den jungen Mann, der da vor Ihnen steht, auf den Unterschied zwischen dem einfachen und dem doppelten Krawattenknoten hin, auch wenn er Sie dabei anschaut, als hätten Sie Krebs im fortgeschrittenen Stadium. Rechnen Sie nach dem Schikurs mit Ihrer Tochter das Sonderbudget, das Sie ihr gegeben haben, genau ab (und sagen Sie erst danach, dass sie sich den Rest behalten kann). Pflegen Sie Ihre eigenen Teilleistungsstärken, auch wenn es sich um einarmige Riesenwellen oder die intimen Kenntnisse der heimischen Orchideenwelt handelt. Wer sich im Detail stark fühlt, fühlt sich im Ganzen nicht schwach, und nicht ganz schwache Erwachsene haben Kinder in der Regel ganz gern.

Drittens. Die Kultur des Erzählens. Erzählen schafft, so der deutsche Philosoph Joachim Ritter, Kontinuität unter Diskontinuitätsbedingungen. Oder, für diejenigen, die ab und zu ein lateinisches Zitat noch lustig finden können: Narrare necesse est. Eine Welt, die danach strebt, sich selbst in immer vielfältigeren Fragmenten zu erklären, bleibt eine Welt von Fragmenten; kontinuierlich wird sie erst durch die Erzählung. Das hat niemand so treffend formuliert wie der Gießener »Transzendentalbelletrist« Odo Marquard: *Die Geschichten, die wir zu erzählen haben, sind unser Personalausweis. Wer auf das Erzählen verzichtet, verzichtet auf seine Geschichten; wer auf seine Geschichten verzichtet, verzichtet auf sich selbst.* Kinder haben in einer teilfragmentierten Welt ein Bedürfnis nach Kontinuität, nach Menschen, die bereit sind, die Geschichten, die ihnen zur Verfügung stehen, auch zu erzählen. Was Sie erzählen sollen? Von sich selbst. Neben der Sicherheit von Erfahrung scheint im Beschleunigungstaumel ja vor allem eine literarische Gattung verlorenzugehen – die Lebensgeschichte. Ist uns selbst noch auf die Nerven gegangen, zum hundertsten Mal zu hören, auf welche Weise die russischen Besatzungssoldaten die Fahrräder unserer Eltern zu Schrott fuhren oder wie das war mit dem Rohrstab in den Händen der Frau Volksschullehrerin, so scheinen die Kinder heute die Namen ihrer Großeltern nicht mehr zu kennen und keine Ahnung davon zu haben, wo ihre Eltern zur Schule gegangen sind, geschweige denn, ob sie ein Fahrrad besessen haben oder nicht. Zukunft braucht Herkunft. Kinder sollen wissen, wer ihre Eltern sind und waren, welche Lieblingsspeisen sie hatten und welche großen Gefühle, welche Ideale und welche seelischen Schmerzen. Kinder wollen all das auch wissen, und daher erzählen Sie es ihnen bitte, selbst wenn daneben die wirklich wichtige Frage nach dem endgültigen Erscheinungsdatum des neuen iPhones gestellt wird.

Viertens. Jene Wand, die den Container an den Seiten dicht macht. Der Mut zum Konflikt.

Um nicht gleich die rasenden Vierzehnjährigen vor uns zu haben, blicken wir eine Sekunde in die Welt der Babys, zurück auf René Spitz, den Urvater der Säuglingsbeobachtung, auf ein Bild aus seiner Beschreibung des frühen Mutter-Kind-Dialoges: Das »Nein« wird aus jener Kopfbewegung geboren, mit der der Säugling die mütterliche Brust ablehnt. Das »Nein« drückt aus: Ich habe ein Bedürfnis nicht, das der andere an mir wahrzunehmen meint. Somit wird klar: Es gibt hier mich und dort, getrennt von mir, den anderen. Das »Nein«, der allererste Konflikt, wird somit sehr früh zu einem zentralen Organisator der Identitätsentwicklung. Freuen Sie sich also, besonders in einer Zeit, in der die altbewährten Konfliktfelder der Reihe nach hinwegkontrolliert und -kriminalisiert werden, wenn da ein Kind ist, das Ihnen einfach widerspricht, und scheuen Sie Ihrerseits nicht den Widerspruch. Erinnern Sie sich an dialektische Prinzipien der Auseinandersetzung und riskieren Sie die Emotion. Aber: Was Grobheiten betrifft, so stecke man um Gottes willen mehr ein als man austeilt, und wenn das schmerzt, erinnere man sich bitte daran, dass die Phase des pubertären Irreseins sogar bei einem selbst vorübergegangen ist und man in Wahrheit die Lehrer, mit denen man am besten streiten konnte, am meisten geliebt hat.

Fehlt noch der Deckel des Containers, werden Sie sagen. Auf den verzichten Sie, bitteschön! Kindern und Jugendlichen die Möglichkeit zu geben, von einem gesicherten Unterbau aus den Kopf in den Sturm zu stecken, ist immer noch das Beste, was man für sie tun kann.

Wie sprechen wir Gestrigen über die Jugend von heute?

Text abzuliefern, wenn es um Sprache und das Sprechen gehen soll, zeugt von einem gewissen Willen zur Kongruenz. Damit die Sache mit dem audiovisuell nicht aufgepeppten Text nicht zu schwer wird, beginne ich anekdotisch, außerdem autobiografisch, aber dass Leute, die schreiben, in Wahrheit über nichts anderes schreiben als über sich selbst, ist ein gängiges und möglicherweise wahres Vorurteil.

Also: Zu Pfingsten war ich heuer wie beinahe jedes Jahr in der Steiermark. Genauer gesagt, war ich im Johnsbachtal in der Obersteiermark, an einem Ort, der sich außer durch außergewöhnliche landschaftliche Schönheit durch einige Dinge auszeichnet. Erstens sind die Zimmerfernseher in dem Wirtshaus, in dem wir zu wohnen pflegen, gekennzeichnet durch eine Bildschirmdiagonale, die sich in einer einstelligen Zollzahl ausdrücken lässt. Zweitens nistet im Satellitenempfänger des nämlichen Wirtshauses unter Garantie eine Waldohreule oder ein anderer Vogel, der ausgerechnet zur Zeit des Hauptabendprogramms das Maximum seiner An- und Abflugaktivität aufbietet; das heißt, selbst wenn man sich entschließt, um Viertel nach acht ganz nah ranzurücken an die Mini-TV-Röhre, sieht man außer horizontalem Flugflimmern gar nichts, daher bleibt sie am besten gleich abgedreht. Drittens lag Johnsbach bis vor kurzer Zeit in einem universellen, sprich: jedes Netz betreffenden Funkloch, was in mir als bis unlängst handyverweigerndem Menschen ein tiefes Gefühl der Solidarität mit diesem gesegneten Ort hervorrief und mitnichten etwas wie ein Mangelempfinden. Jetzt ist das anders: Einerseits muss ich ein Mobiltelefon besitzen – sagen sowohl mein Dienstgeber als auch mein Arbeitsethos –, andererseits haben sie zuletzt auf einem Hügel in der Nähe einen Handymasten aufgestellt, und ich befinde mich nur dann im Funkloch, wenn ich es willentlich aufsuche. Das geht immer noch, zum Beispiel in einer bestimmten Ecke des weltberühmten Bergsteigerfriedhofes, den es dort, in Johnsbach, gibt. Gut funktioniert es zum Beispiel vor dem Grab eines siebzehnjährigen Knittelfelder Jünglings, der 1923 von einem der Verderben bringenden Gesäusezacken in den Tod gestürzt ist. Ich stehe dann dort, lese die Inschrift: »Allzu früh hast du geraubt den Eltern ihren Sohn«, bin in gebotener Weise erschüttert und kann außerdem alle denkbaren Anrufer wegimaginieren: »Es tut mir leid, ich bin in einem Funkloch.« Viertens, und wie so oft nähere ich mich dem Thema, indem ich es in einer Spiralbewegung in die Enge treibe, gibt es dort, seit der Lebensmittelladen, um ihn vor der endgültigen Schließung zu retten, von einer Kooperative der Frauen des Ortes übernommen wurde und nur mehr an drei Tagen pro Woche geöffnet hat, keine Zeitungen mehr zu kaufen, das heißt, man ist printmedienmäßig angewiesen auf das, was ins Wirtshaus geliefert wird – die »Kleine Zeitung« und den »Steiermark-Kurier«. Da die »Kleine Zeitung« in einem steiermärkischen Gasthaus relativ unmittelbar nach der Lieferung das ist, was unsere Jugendlichen gelegentlich auch sind, nämlich fragmentiert, hielt ich mich letztes Wochenende an den »Steiermark-Kurier«. Damit, dass es sich angesichts von Pfingsten um eine besonders üppige Nummer handeln würde, hatte ich gerechnet, nicht jedoch mit dem Muttertag.

Wir haben also bei Stichprobe Nummer eins bitte einen Muttertags-Bias in Rechnung zu stellen, wenn wir uns mit dem Folgenden konfrontieren, oder, genauer, wir haben uns zu vergegenwärtigen, dass wir es in Wahrheit nicht mit der Frage zu tun haben: »Wie spricht der Kurier?«, auch nicht: »Wie spricht der Steiermark-Kurier über Jugendliche?«, sondern: »Wie tut das der Muttertag-Kurier?«

Er tut es jedenfalls schon auf Seite 2 in Gestalt eines Leitartikels seines Chefredakteurs Christoph Kotanko, der unter der Überschrift »Der talentierte Schüler und seine Freunde« den Titel eines Sachbuch-Bestsellers des Unternehmensberaters, Sir-Karl-Popper-Schulen-Mitbegründers und (seinerzeit) jüngsten Landtagsabgeordneten Wiens, Andreas Salcher, in nicht besonders origineller Weise paraphrasiert (der Originaltitel lautet »Der talentierte Schüler und seine Feinde«), um anzukündigen, das Leid der verkannten Genies hierzulande habe eine Ende, da Salcher ab sofort als vom »Kurier« ernannter und inaugurierter Schüleranwalt tätig und online erreichbar sei (www.kurier.at/schueleranwalt). Fehlervermeidung sei völlig fehl am Platz, die Aufgabe engagierter Lehrerinnen und Lehrer sei es, Kreativität zu wecken und Talente zu fördern, auf diese Weise würden sie die besten Freunde talentierter Schüler. Dass weniger kreative und talentierte Schülerinnen und Schüler auf diese Weise leider ohne Freunde unter den engagierten Lehrerinnen und Lehrern auskommen müssen oder dieselben bestenfalls unter den weniger engagierten Pädagogen finden werden, ist sicher ein böswilliger und daher unzulässiger Schluss meinerseits. Unser lieber Kollege Max Friedrich wird mit seinem Buch »Lebensraum Schule« als Kronzeuge Salchers aufgerufen; ob er derselbe auch sein mag, wird er uns mit Sicherheit selbst sagen. Schule macht hierzulande Schüler kaputt – so jedenfalls die implizite Botschaft des Leitartikels.

Auf Seite 8 wird Jenna, die Tochter von George W. Bush, verheiratet, in einem bestickten Traumkleid mit kurzer Schleppe von Oscar de la Renta und begleitet von vierzehn nicht weniger designten Brautjungfern, aber das kann uns schon egal sein, denn das Fräulein ist 26 und damit eindeutig keine Jugendliche mehr. Außerdem arbeitet sie als Volksschullehrerin und hat, wenn es nach dem »Kurier« geht, mit Sicherheit das Buch von Andreas Salcher schon gelesen, gehört also zu den Guten.

Auf Seite 9 wird die Welt (und speziell ich als gebürtiger Amstettner) davon unterrichtet, dass der besondere Skandal der hinlänglich bekannten Angelegenheit Fritzl darin liege, dass jener Josef Fritzl sein Verlies ohne Baugenehmigung errichtet habe – was eigentlich einen Abriss notwendig mache, welcher allerdings wiederum einen Einsturz eines ordnungsgemäß genehmigten Gebäudeteils zur Folge haben könne. Implizite Botschaft: Liebe Kinder, liebe Jugendliche – wenn ihr euch schon einsperren und missbrauchen lasst, dann schaut euch bitte um, dass das auch in einem ordnungsgemäß genehmigten Zimmer passiert.

Auf Seite 13 wird, ausgehend von einer Studie der Damen Friedrich und Bruckmüller vom Institut für Kriminologie der Universität Wien, in einem Artikel von Ricardo Peyerl ein engagiertes und justizkritisches Plädoyer für den Opferschutz gehalten. Kinder und Jugendliche als mögliche Opfer werden angeführt.

Ebenfalls auf Seite 13 wird die Geschichte einer betrunkenen Fünfzehnjährigen aus dem Bezirk Graz-Umgebung erzählt, die, um nicht bezahlen zu müssen, einer Taxifahrerin eine Sektflasche auf den Kopf geschlagen habe. Die Täterin sei durch Passanten aufgestöbert und bis zum Eintreffen der Polizei festgehalten worden. Implizite Botschaft: Jugendliche sau-

fen und schlagen zu; wenn sie Pech haben, treffen sie auf unerschrockene Passanten.
Auf den Seiten 27 und 28 erzählt uns mein Schriftsteller-Kollege Arno Geiger die Geschichte der elfjährigen Lotta, die »fast alles kann«. Lotta ist ein Mädchen mit zwei Schwestern, Eltern, die im Theater-Business arbeiten, und einem Down-Syndrom. Sie erkennt sich selbst als behindert, weiß, dass sie im Lift den Knopf für den achten Stock nicht erreichen kann, und weiß vermutlich nicht, dass mehr als neunzig Prozent der Kinder, denen man präpartal eine Trisomie 21 bescheinigt, abgetrieben werden. Natürlich ist die Geschichte Lottas eine spezielle Muttertags-feel-good-Geschichte, aber sie ist wunderbar erzählt und absolut frei von falschem Pathos.
Eine Geschichte, die wohl ebenfalls eine Muttertagsgeschichte sein soll, tritt uns schließlich im Sportteil entgegen. Steffi Graf (unsere »Ich laufe so lange gegen Maria Mutola, bis ich die achthundert Meter endlich gewonnen habe«-Steffi Graf!) interviewt unter dem Titel »War das wirklich ich?« einen Ex-Hooligan, der den Ausstieg aus der einschlägigen Szene geschafft hat, obwohl er dort, wie er berichtet, durch Freunde aufgenommen worden sei, die er bereits aus dem Kindergarten gekannt habe. Botschaft: Betrachte deine Freunde kritisch – von Anfang an.
Man würde schon gerne zusammenfassen, doch es geht noch weiter. Im Gesellschaftsteil wird eine Seite dafür verwendet, uns unter dem Titel »First Daughters« zu erzählen, was aus jungen Damen wird, wenn ihre Väter Präsidenten der Vereinigten Staaten waren: Kunsttherapeutinnen für HIV-infizierte Kinder, Malerinnen oder Krimi-Autorinnen, die nebenbei eine Klinik leiten. Alles höchst respektabel.
Eine Doppelseite weiter schließlich erklärt der »Kurier«-Fami-

liencoach, Frau Leibovici-Mühlberger, unter der Überschrift »So machen Sie Ihr Kind stark«, wie Eltern ihr Kind gegen sexuelle Übergriffe wappnen können; nein, nicht, indem man ihm beibringe, nach einer Baugenehmigung zu fragen, sondern unter anderem, indem man ihm erkläre, so etwas könne in der eigenen Familie doch nicht passieren, und ihm ermögliche zu wissen, was es wolle und was nicht. Kein falsches Lob, das sei allerdings auch wichtig, man solle dem Kind nicht ständig sagen, wie großartig es sei.

Konfrontiert mit der bemerkenswerten Tatsache, dass eine auflagenstarke österreichische Tageszeitung etwa über neun Seiten hinweg, also über zwanzig Prozent des Textteils, mehr oder minder ausdrücklich über Kinder und Jugendliche spricht, sagt mein Sohn, also meine leicht verfügbare neunzehnjährige männliche innerfamiliäre Jugendlichenstichprobe, ich solle doch nicht so blöd sein, das für repräsentativ zu halten, die Medien seien in Bezug auf Jugendliche genau an zwei Dingen interessiert, an Gewalt, und zwar sowohl an erlittener als auch an ausgeübter, und am Komatrinken. Ich sage, wir haben da im »Kurier« immerhin eine fünfzehnjährige Betrunkene, die eine Taxlerin haut, und er sagt: Wenn nicht Muttertag ist, hast du nur die.

Also tue ich, was sich gehört – Kontrollstichprobe, allerdings wieder mit Bias; zugegeben – ich bringe es einfach nicht zusammen, an zwei Tagen hintereinander den »Kurier« zu lesen, daher der »Standard« (außerdem bin ich schon wieder in Wien):

Auf Seite 5, ganz klein, Jenna Bush hat geheiratet, und zwar auf ausdrücklichen Wunsch nicht im Weißen Haus. Gut so. Auf Seite 7, prophezeiungsgemäß, die Gewaltgeschichte. Ein Salzburger Jugendlicher droht einem Inder, der in einem O-Bus nicht aufhört, laut mit seinem Handy zu telefonieren, eine Ohrfeige an. Als der Mann daraufhin ein Messer zieht, schlägt ihm der Jugendliche die Faust ins Gesicht. Und schon hat man nicht nur eine Gewaltgeschichte, sondern auch ein Identifikationsproblem. Sonst findet sich tatsächlich nichts über Jugendliche. Ja, am Ende, im Sportteil erzählt uns Mirna Jukic, wie es war, mit dreizehn nach Österreich zu kommen, und wie es sich ihrem Verständnis nach insgesamt mit Integration verhalte. – Geheilte Hooligans im »Kurier«, erfolgreiche Integration von Migrantenkindern im »Standard« – man weiß wieder einmal, warum man zuerst am besten den Sport liest.

Unabhängig vom Erkenntniswert dieses Selbsterfahrungsberichtes steht eins außer Zweifel: Medien interessieren sich für Jugendliche, und zwar in eindeutig zunehmendem Umfang an beiden Polen des Reportagespektrums, an jenem der Sensationsberichterstattung – hinsichtlich des intellektuellen Niveaus in der Regel ausgesprochenes Flachpassspiel – und auch an jenem des anspruchsvollen, analytischen, wissenschaftlich orientierten Journalismus. Beides ist gut, ohne Zweifel, Letzteres sowieso, Ersteres auch, liefert es doch, um im psychotherapeutischen Jargon zu sprechen, zumindest Material.

Apropos sprechen: Die Sprache, in der in den Medien über Jugendliche gesprochen wird, ist oft eindimensional, manchmal ziemlich entwertend, selten wirklich lustig und wirkt immer wieder, speziell, wenn das Anliegen ist, Verständnis für Jugendliche zur Schau zu stellen, ausgesprochen hölzern und ratlos. Dies kontrastiert deutlich mit der Sprache, die Jugendliche selbst sprechen, und die, welcher Nische auch immer sie entstammt, eins in der Regel nicht ist, nämlich ratlos.

Wie sprechen, umgekehrt, Jugendliche? Allgemeinverständlich offenbar nicht, sonst müsste es keine eigenen Wörterbücher dafür geben. Eins davon, das meistzitierte, ist das »Wörterbuch der Jugendsprache« von PONS, das in der Ausgabe von 2008 leider nach wie vor so bundesdeutsch ausgerichtet ist, dass es – vorweggenommenes Ergebnis meiner nächsten unrepräsentativen Stichprobenuntersuchung – für uns Ösis nur höchst eingeschränkt brauchbar erscheint. An erster Stelle der zwanzig gebräuchlichsten Adjektive steht »fett« für sehr gut, das geht durch, an zweiter allerdings schon »cremig« für locker, cool, und das heißt bei uns (in Wien zumindest) ganz sicher nicht »cremig«, sondern »gschmeidig«. »Lollig« für lustig ist als Ableitung des Chat-Kürzels lol (laugh out loud) in Ordnung, »titte« habe ich schon oft gehört, allerdings nicht als Synonym für egal, »urst« als Superlativ von »ur« kann man nachvollziehen, wobei der Komparativ noch spannender wäre, finde ich: »Ich bin urgut angezogen, aber der Herr Professor ist noch urer gut angezogen.« Am überzeugendsten und beispielhaft für die Ironiefreudigkeit der Jugendsprache ist allerdings das absolut neue Augmentations-Präfix »koma«, das jedes Adjektiv steigert: »Ich bin urgut angezogen, der Herr Professor urer gut, aber die junge Frau Doktor dort ist überhaupt komagut angezogen.« Über Koma geht nix, das wissen wir. Die Verben im PONS streife ich nur, denn sie sind gar nicht überzeugend: »Chillen« für ausruhen gebrauchen wir Forty-Somethings auch schon, »poppen« für Sex haben hat das Kleine Arschloch schon vor zehn Jahren gesagt, und »den Elvis pressen« für die maskuline Variante des Urinierens erscheint jemandem, der die Prostatahypertrophie bereits in Blickweite haben sollte, nicht eben als der Gipfel der Originalität. Bei den Substantiven findet man »Tubensonne« für Selbstbräunungscreme und

»Münzmallorca« fürs Solarium, was mir eindeutig weniger lieb ist als das schlichte »Soli« unserer Prolo-Fraktion. »Willi und die Zwillinge« für das männliche Genitale zeugt vom Willen zu einer kindlich-anschaulichen Symbolik, und »Igelschnäuzchen« für eine kleine weibliche Brust besitzt eine poetische Kraft, die einem als Mann wahrhaft das Herz erwärmt.

Wie sprechen Jugendliche also? Hyperbolisch, das heißt, übertrieben, übers Ziel hinausschießend, plakativ und drastisch. Verkürzt, verknappt, in der Art mancher Comics (du Alki, du Depri, du Anarcho). Onomatopoetisch, also lautmalerisch (ächz, würg, rülps, lall). Vulgär, respektlos, obszön (so ein Spasti, so ein Schizo, eine Schwuchtel, ein Wichser). Sie sprechen, und das ist für uns Psycho-Profis nicht ohne Belang, bemerkenswert komplex und hochmetaphorisch, und das heißt übersetzt, Jugendsprache legt auf persönlichkeitsstruktureller Ebene Zeugnis ab für die psychische Gesundheit der Jugendlichen. Abgesehen davon ist sie da und dort, vor allem in den etablierteren Jugendkultur-Nischen, von geradezu erstaunlicher literarischer Qualität, und es ist nur ganz wenig übertrieben, wenn etwa der artistische Sprechgesang des HipHops mit der Lyrik Baudelaires oder Stefan Georges verglichen wird.

Die Jugendsprache als eigenständiges Phänomen findet übrigens seit der Mitte des 18. Jahrhunderts Interesse. Über lange Zeit hinweg war Jugendsprache gleichbedeutend mit Studentensprache und enthielt als wesentliche Charakteristika zahlreiche Latinismen, Entlehnungen aus dem Jiddischen und dem Rotwelschen, der Gaunersprache. Zentrales Motiv ihrer Bildung waren auch damals schon die Stabilisierung der Jugendlichengruppe nach innen und ihre offensive Abgrenzung nach außen, also (seinerzeit) dem städtischen Bürgertum gegenüber. Ab der Mitte des 20. Jahrhunderts wurde alles anders und Jugendsprache in erster Linie zum Abbild von Popkultur und politischem Protest. Fünfzehn Jahre später löste sie sich vom gegenkulturellen Kontext und wurde zum Kennzeichen nicht einer großen Jugendbewegung, sondern zahlreicher kleinerer Jugendkulturen und Jugendszenen. Ab den 1980ern wurden die diversen Ethno- und Soziolekte auch einigermaßen systematisch erforscht; Helmut Henne, Peter Schlobinski und Eva Neuland sind zu nennen, durchwegs bundesdeutsche Sprachwissenschaftler, die Sprachstile, Kommunikationsmuster und die kulturelle Einbettung diverser Szenesprachen untersuchten.

Klar wurde, was wie eine Binsenweisheit erscheint, nämlich dass Jugendsprache mitsamt ihren Spezifika der Provokation, Parodie und Persiflage ein Mittel der konflikthaften Auseinandersetzung mit der Standardsprache der Erwachsenenwelt darstellt, dass sie andererseits der Stabilisierung von Gruppenidentität und Gruppenstrukturen dient, dass sie schließlich immer Spuren hinterlässt und leistet, was die Lebendigkeit einer Sprache ausmacht, nämlich Veränderung im Detail. Was gestern noch unerhört war, sprechen wir heute schon selbstverständlich aus: cool, geil, ur und urer, Alter und vielleicht bald schon Igelschnäuzchen.

Klar ist ferner auch, dass unter den Akzelerationsbedingungen der Moderne sowohl die Kulturen und Subkulturen der Jugendlichen wie auch die zugehörigen Sprachen zwangsläufig einem noch nie dagewesenen Turn-over unterliegen. Es wird immer schneller alles anders. Wer kennt heute noch einen Punk? Irgendwann einmal hat es doch etwas wie Mods gegeben? Die Snowboarder werden überhaupt dem Klimawandel zum Opfer fallen. Und wissen die Emos, dass in zwei Jahren kein Hahn mehr nach ihnen krähen wird, geschweige denn ihre Sprache sprechen? Vom austriakischen Spezifikum der Krocha ganz zu schweigen. Nach einer Lebenszeit von gerade einmal drei, vier Monaten sind sie verschwunden, restlos, wie verdampft unter der Sonne des nahenden Sommers.

Klar ist schließlich, dass uns Alte, die wir uns mit dem Erwachsenwerden abmühen, die Adaption an den beschleunigten Wirklichkeitswandel bei weitem mehr überfordert als die Generationen nach uns. Dies betrifft die Variabilität in Berufs- und Partnerwahl, die Bereitschaft, sich geografisch zu verändern, genauso wie den Umgang mit den neuen Kommunikationsmedien. Mit anderen Worten, und dabei fällt uns kein Stein aus der Krone: Sie können's einfach besser, unsere Mädchen und Burschen – sie beherrschen das Programm Beschleunigungsbewältigung und sie, zurück zum Thema, kommunizieren dementsprechend.

Sie telefonieren, schreiben tonnenweise E-Mails und SMS und chatten auf Teufel komm raus. Außerdem, das wollen die Apokalyptiker unter uns nicht so recht wahrhaben, sprechen sie nach wie vor miteinander, echt, physisch, mit nur Luft als akustischem Medium. Wie viel sie tatsächlich telefonieren, e-mailen, chatten und simsen, in Minuten oder Stunden, weiß keiner wirklich genau, da sich das so rasch verändert, dass selbst seriöse Untersuchungen wie etwa die Shell-Jugendstudie bereits zum Zeitpunkt ihres Erscheinens ziemlich alt ausschauen. Vor allem Internet-gebundene Kommunikationsplattformen schießen eruptionsartig aus dem Boden: Myspace, YouTube, Twitter, Facebook und wie sie alle heißen, und akquirieren in atemberaubendem Tempo Millionen von Usern. Eins steht fest: Die heutigen Jugendlichen kommunizieren nicht weniger miteinander, als wir es in unserer Jugend getan haben, ganz im Gegenteil.

Wie sprechen nun, umgekehrt, wir pädologischen Psycho-Profis über die Kinder und Jugendlichen, mit denen wir es zu tun haben? Welche Soziolekte verwenden wir, welche Nischensprachen? Die Sprachen der Diagnosemanuale DSM oder ICD zum Beispiel, die die meisten von uns zirka so mögen wie ein kratzendes Hemd, vor allem da sie den tiefenpsychologisch Denkenden unter uns die Neurose als Diagnose geraubt haben und uns allen die wunderbare Universaldiagnose »Pubertätskrise«. Im unbedingten Willen zur möglichst kausal- und symbolfreien Phänomenologie, zur nackten Deskription, nötigen einen diese Systeme einerseits immer wieder zu psychosenahe konkretistischem Denken, andererseits zu problematischen bis entwertenden diagnostischen Zuschreibungen oder – einfacher – zur Lüge. Welchen Jugendlichen verpassen wir schon die etikettierende Diagnose einer Persönlichkeitsstörung? Schreiben wir nicht oft »Depression« hin oder »Angststörung«, obwohl die Kriterien für Ersteres eindeutig erfüllt sind?
Oder verwenden wir die Sprachen von Neurobiologie und Genetik? Unterhalten wir uns vorwiegend in Begriffen von Rezeptorprofilen und Genexpressivität über die jungen Menschen, die sich uns anvertrauen? Das wäre ein wenig so, kommt mir vor, als würde man jeden Salat notwendigerweise ausschließlich mit Kernöl marinieren. Andererseits – spricht irgendetwas gegen Kernöl?
Oder begeben wir uns überhaupt selbst in den psychiatrischen Fremdsprachenunterricht und lernen zum Beispiel die Sprache der OPD, der Operationalisierten Psychodynamischen Diagnostik, um den Jugendlichen in möglichst differenzierter Weise gerecht zu werden? Es ist ein wenig wie Chinesisch lernen, fürchte ich, langwierig und mühsam. Andererseits – mehr als eine Milliarde Menschen haben Chinesisch gelernt.

Oder aber: Wie anfällig sind wir alle für sprachliche Moden in unserem Fachbereich? Wie manipulierbar durch druckvoll vermittelte oder vielleicht materiell oder strukturell gestützte Begriffssuggestionen? ADHS? Zwangsstörung? Verwahrlosung? Symbiotische Beziehung? Traumatisierung?
Wenn wir off the records sind, weg von den Nahelegungen der fachinternen Opinion-Leader und der Pharmaindustrie, wenn wir uns nicht im Fokus der Überwachungskameras unserer Krankenhauserhalter befinden und außerhalb ihrer Dokumentationssysteme, dann, denke ich, sprechen wir über unsere Jugendlichen wie sie über uns: manchmal hyperbolisch, also übertrieben, manchmal verknappt, manchmal affektgeladen und respektlos, manchmal obszön und manchmal, wenn vielleicht nicht allzu viele Leute zuhören, sehr nett und liebevoll.

Am Schluss ein kurzer theoretischer Ausritt: Das Wesen von Sprache ist die Metapher, daher ist Sprache notwendigerweise Metaphorik. Das klingt komplizierter, als es ist. Eine Metapher ist nichts anderes als ein Zeichen, das Bedeutung von einem auf etwas anderes überträgt. Daher ist im Grunde jeder sprachliche Begriff notwendigerweise auch eine Metapher. Sprache überträgt Bedeutung. Metaphorik ist im Übrigen nicht notwendigerweise sprachgebunden; sie beginnt vielmehr weit vor dem Entstehen von Sprachlichkeit. Dazu fällt einem Wilfred Bion ein, der auch konsequent für schwieriger gehalten wird, als er ist. Er beschreibt folgende Situation: Im Säugling entsteht ein sensorischer Impuls, zum Beispiel ein Unlustgefühl, das vom Kind selbst weder eingeordnet noch reguliert werden kann, ein Beta-Element, wie Bion es etwas technisch nennt. Die Mutter nimmt die Unlustäußerungen ihres Kindes wahr, gibt ihnen unter Ingangsetzung ihrer Alpha-Funktion (so die technische Begriffs-Entsprechung) Bedeutung, reguliert sie und retourniert sie dem Kind in, wie Bion es nennt, verdauter Form: »Na, da zwickt es aber im Bäuchlein.« Dieser Prozess der Verleihung und Rücktransferierung von Bedeutung ist uns allen aus der Psychotherapie hinlänglich bekannt und heißt im Allgemeinen Deutung. Jene Disziplin, die sich vorwiegend mit Deutung befasst, ist die Hermeneutik, und dort will ich noch für einen Augenblick hin.

Speziell in einer Situation, in der der wirtschaftlich getriggerte Rechtfertigungsdruck auf uns alle und auch auf die Jugendlichen, mit denen wir es zu tun haben, exponentiell ansteigt, ist es klug, sich der Tatsache zu besinnen, dass unsere Disziplin, wissenschaftstheoretisch betrachtet, seit jeher zwei Standbeine besitzt, ein naturwissenschaftliches und ein hermeneutisches, und dass man vielleicht das hermeneutische ein wenig mehr belasten könnte, wenn im naturwissenschaftlichen die Knochen schon knirschen. Hermeneutik taugt nämlich gar nicht zur Verwendung als ökonomischer Hebel.

Hermeneutik heißt Befassung mit Deutung, und Deutung heißt Bedeutungsübertragung. Dessen sollten wir uns besinnen, wenn wir Gestrigen uns sprachlich der Jugend von heute nähern. Es geht, wie in der Psychotherapie, nicht darum, die jungen Leute möglichst gut zu verstehen; im Gegenteil, der Job von uns Alten den Jungen gegenüber ist es, sie ein Stück weit nicht zu verstehen. Es geht vielmehr, wie bei Bion, darum, ihre sprachlichen Äußerungen aufzunehmen, zu verdauen und zu retournieren. Damit entstehen zwei wichtige Dinge, ein Dialog um ein gemeinsam geteiltes Drittes, und vor allem jene adäquate Distanz, die wir unseren Jugendlichen ganz dringend schulden.

Von Regenwürmern und Himmelsharfen

Der Schriftsteller Per Olov Enquist

Wenn man jemanden, der auch Kinderpsychiater ist, einlädt, eine Festrede zu halten, ist man selbst schuld. Kinderpsychiater neigen bekanntermaßen dazu, sich mit ihren Klienten zu identifizieren; daher ist das Risiko, dass die Sache infantil, böse und sentimental wird, im Umfang ausufert und insgesamt keinerlei Rücksicht auf Gepflogenheiten nimmt, nennenswert. Im Vertrauen darauf, zumindest in unserem heutigen Preisträger einen Verbündeten zu besitzen, werde ich mich nach Kräften bemühen, all Ihren Befürchtungen gerecht zu werden. Formal wird meine Rede ein wenig assoziativ sein – Kindern fällt ja ständig irgendwas Unpassendes ein, wenn sie sich konzentrieren sollen; außerdem wird am Anfang und am Ende etwas bei einem derart würdigen Anlass definitiv Verbotenes stehen – am Ende ein paar Sätze selbstdenunziatorischen Tratsches und am Anfang ein Witz.

Den Witz habe ich beim Gießener Philosophen Odo Marquard gestohlen (aus dem Bändchen »Skepsis in der Moderne«), ohne schlechtes Gewissen, denn die fragwürdige Beziehung zum Eigentum des anderen gehört, abgeleitet wiederum aus der Klientenidentifikation, ebenfalls zu meinem beruflichen Anforderungsprofil. Ich kann ganz schlecht Witze erzählen, dieses Geständnis vorneweg – was ein wenig abgefedert wird dadurch, dass der Witz erstens sehr kurz und zweitens aufgrund der Tatsache, dass es sich um einen Philosophenwitz handelt, sowieso nur mittellustig ist.

Der Witz geht so: Ein affirmationsaffiner Positivist und ein

skeptischer Phänomenologe kommen an einer Schafherde vorbei. Sagt der Positivist: »Bitte schau dir das an – lauter schwarze Schafe!« Darauf der Phänomenologe: »Na ja – zumindest auf der Seite, die sie uns zukehren.«
Per Olov Enquist würde an dieser Stelle vermutlich sagen: »Ja, alle schwarz«, nach einer Weile noch einmal: »Ja, genau, alle kohlrabenschwarz!!!«, und er würde drei Rufzeichen dahinter setzen. Dann würde er uns eine Geschichte erzählen aus der Zeit von vor gut zweitausend Jahren, als es in Norrland noch richtig hohe Berge gab, als Hjoggböle in Västerbotten das Zentrum der europäischen Philosophie war und dort die Fabel von den schwarzen und weißen Schafen erzählt wurde. Diese könnte ungefähr so gegangen sein: Als Gott am sechsten Tag der Schöpfung die Tiere schuf, schuf er auch das Schaf (ein Satz, der Enquist übrigens nie passieren würde: »schuf er auch das Schaf«), und damit es besonders hübsch werde, schuf er es mit einer schwarzen linken und einer weißen rechten Hälfte. (In Västerbotten hätte Gott das unter Garantie so gemacht: die linke Hälfte schwarz und die rechte weiß.) Anfangs war das Schaf ganz froh, aber mit der Zeit wurde es traurig, denn die linke Hälfte konnte nie das unschuldig strahlende Weiß der rechten und die rechte Hälfte nie das geheimnisvoll finstere Schwarz der linken sehen. Also ging das Schaf zu Gott und bat ihn, seine beiden Hälften zu trennen, damit sie einander auch sehen könnten, und Gott, der sogar in Västerbotten ab und zu gewährend sein kann, nahm sein größtes Messer und schnitt das Schaf entzwei. Ab dann gab's in Schweden und überall sonst nur noch rein schwarze und rein weiße Schafe. In dieser Zeit, vor gut zweitausend Jahren, unternahm gerade zufällig ein griechischer Philosoph eine Reise durch Europa, suchte natürlich Hjoggböle auf, hörte die Fabel von den Schafen und

merkte sie sich. Der Philosoph hieß Plato, und weil nicht nur Kinderpsychiater, sondern auch Philosophen stehlen, baute er die Sache ein wenig um, machte sie zur Fabel von den zweigesichtigen Kugelmenschen, die in Mann und Frau getrennt werden, und wurde damit weltberühmt. Das Wunderbare ist, dass man Per Olov Enquist diese Geschichte glauben würde, uneingeschränkt, von vorne bis hinten, und das noch Wunderbarere, dass sie, hätte er sie erzählt, auch wahr wäre, historisch nämlich.

Sjön, Hausnummer 3. Hjoggböle. Västerbotten. Ich war nie an diesem Ort, aber die Sache klingt so, als würden dort einander auch heute noch die Füchse gute Nacht sagen. Ich könnte daher – anlassgeboten – jetzt über die Geburt des Europäischen aus dem Geist der Provinz reden, darüber, dass der Drang zur Literarisierung genau dort entsteht, wo das Meer und der Wald von der einen Seite, Fundamentalismus von der anderen aufeinandertreffen, also dort, wo es zugleich beides gibt, die Weite des Blickes und die Enge des Atems. Ich könnte über die Geburt des Erzählens aus den Geschichten der Großeltern reden oder über den Beginn von Sprache überhaupt, über das allererste Wort, das immer aus dem Mund der Mutter kommt. Für all das könnte ich Per Olov Enquist trefflich als Zeugen aufrufen.
Ich könnte, andererseits, meine apokalyptophilen Anteile aktivieren und über den beschleunigungsbedingten Identitätsverlust reden, dem die Menschen heute unterliegen, über die Erfahrungsunsicherheit, in die wir alle geraten sind, über das Verlorengehen der Individualbiografie und über die Krise des Historischen, und ich könnte davon erzählen, wie souverän Enquist diesen Dingen begegnet, mit Ernst und ab und zu ei-

nem feinen Lächeln. Er führt uns ganz nah an die Welt heran, öffnet uns buchstäblich Augen, Ohren und Nase, wenn er vom Schnee spricht, vom Wald, von der Himmelsharfe, die erklingt, wenn im Frost der Winternächte die Telefondrähte zu singen beginnen, von vergammelten Blutklößen und von Butter, auf die sich grau der Schimmel gelegt hat. Er führt uns (zuletzt und vor allem in seinem großen autobiografischen Roman »Ein anderes Leben«) immer wieder hinein in seine eigene Lebensgeschichte, ganz weit, bis an die Quellen von Schmerz, Ratlosigkeit und Lust, und er zeigt uns schließlich in exemplarischen Vignetten europäische Geschichte, etwa die Ursprünge der Aufklärung und ihr erstes Scheitern im Roman »Der Besuch des Leibarztes«, die Geburtswehen der organisierten Arbeiterbewegung in »Auszug der Musikanten« oder die Entstehung der Psychoanalyse aus der Begegnung von Hermeneutik und Naturwissenschaft in »Das Buch von Blanche und Marie«. Ich könnte zusammenfassend über die Notwendigkeit des Erzählens sprechen, des Erzählens, das uns all das Genannte sichert, Erfahrung, Biografie und Geschichte, darüber, dass Enquists Geschichten genau das leisten, indem sie Erkenntnis- und Sensibilisierungsgeschichten sind, die Vertrautheit rekonstruieren, Anknüpfungsgeschichten, die unsere lebensgeschichtliche Einbindung in die Welt zeigen, und letztlich auch Bewahrungsgeschichten, die uns vor Augen führen, dass vor jedem schon immer ein Früheres war.

Sprechen werde ich allerdings über etwas anderes, über Metaphern, ein wenig über Hochsprung und ganz kurz über Angst.

Metaphern. Metaphern übertragen Bedeutung, von einem Gegenstand oder Sachverhalt woandershin. Metaphern öffnen

Vorstellungsräume und Metaphern haben immer zwei Anteile, einen bewussten und einen unbewussten. Das macht sie so besonders reizvoll. Meine Lieblings-Metaphern-Erklärungs-Geschichte war bis vor kurzem jene vom Spunk (viele von Ihnen werden sie kennen). Astrid Lindgren. Pippi Langstrumpf hat ein funkelnagelneues Wort gefunden, eins der besten, die sie je gehört hat: Spunk. Gemeinsam mit Thomas und Annika, ihren Freunden, begibt sie sich auf die Suche nach seiner Bedeutung. Ein Spunk ist kein Staubsauger, das stellt sich bald heraus, nicht die blau gestrichene Spitze einer Fahnenstange und auch nicht das Geräusch, wenn einem der Matsch zwischen den Zehen hochquillt. Spunk kriegt man weder in der Konditorei noch in der Eisenwarenhandlung, und auch der Doktor meint, nein, Spunk sei nicht zu diagnostizieren, und selbst wenn es so eine Krankheit gäbe, würde sie Pippi unter Garantie nicht befallen. Am Ende taucht der Spunk als ein kleiner glänzender Käfer direkt auf der Terrasse der Villa Kunterbunt auf, das Spunkartigste, das Pippi je gesehen hat, und steht metapherntheoretisch einerseits für Benennungsmacht und Benennungslust, also für die Sprache des jungen Fräuleins, andererseits für alles, was da so von unten aus den Ritzen einer heranwachsenden Persönlichkeit auftauchen mag. Spezifischer – und unbewusster, was den Leser betrifft: Spunk heißt auf Deutsch gar nichts, auf Schwedisch auch nicht, soviel ich weiß. Im englischen »Wordsworth Dictionary« wird man endlich fündig: »spunk – a slang term for semen (which has subsequently come to mean also *courage*)«, ein Mundartausdruck für Sperma also, der in der Folge auch die Bedeutung Mut, Mumm, Courage erhalten hat. Na also, Astrid Lindgren war nicht blöd, es geht immer auch um Sex, und die Psychoanalytiker haben ihre Freude.

Biografisch gibt es von diesem Punkt aus zwei Verbindungen zu unserem Preisträger; sie sind extrem weit hergeholt, also definitiv kindisch; vielleicht merkt man sie sich gerade deswegen besonders leicht. Erstens hieß die Mutter Per Olov Enquists, bevor sie seinen Vater heiratete, Maja Lindgren, und der verlockende Gedanke, dass sie die auf geheimnisvolle Weise verlorengegangene große Schwester Astrid Lindgrens ist, funktioniert aufgrund der gut tausend Kilometer zwischen Hjoggböle, Västerbotten, und Vimmerby, Småland, schon schlecht, dann gar nicht mehr, wenn einem bewusst wird, dass Astrid Lindgren ja erst nach ihrer eigenen Verehelichung Lindgren hieß und davor Ericsson. Zweitens erschien der dritte Pippi-Langstrumpf-Band (auf Deutsch: »Pippi in Taka-Tuka-Land«), in dem die Spunk-Episode enthalten ist, 1948, genau in jenem Jahr, in dem jener Per Olov Enquist aus dem autobiografischen Roman »Ein anderes Leben« auf dem Plumpsklo von Sjön 3, Hjoggböle, mit Spunkischem beschäftigt war, also mit dem, mit dem knapp Vierzehnjährige im Allgemeinen beschäftigt sind, mit dem Erkunden seiner aufkeimenden Sexualität. Er nahm dazu die Damenwäscheseiten des Versandhauskatalogs von Åhlen & Holm und den herbeiimaginierten prächtigen Hintern von Prinzessin Sybilla und tat, was zu tun ist, obwohl Ungeheuerliches drohte (»Ein anderes Leben«, S. 110):

Sehr bald jedoch erfährt er, dass dies eine Sünde ist. Die bestraft wird. Nicht so, dass das Rückgrat verfault, wie bei den Jungs im Süden nach Stockholm hin, von denen es heißt, dass sie schon als Zwanzigjährige gekrümmt gehen, ohne Rückenmark. Nein, bei den Västerbottningern ist das Onanieren mehr wie eine später bestrafte Todsünde. Also nach dem Tod. Man blieb zwar während des Lebens gesund an Körper und Rückgrat; das konnte er selbst ja sehen an all den sehr muskulösen und onanierenden Holzfällern in seiner Umgebung. Wirklich körperlich kerngesunde Sünder! Was gleichsam der Beweis war. Dass man, wenn man starb und zur Hölle entrückt wurde, auf ewig in siedendem Öl schmoren musste.

Die Darstellung der Masturbationsnöte männlicher Frühadoleszenter ist wahrlich nicht die ultimative Herausforderung von Literatur, mag man einwenden – andererseits: Das mache erst einmal jemand nach, was Enquist da auf den Seiten 109 ff. von »Ein anderes Leben« in unverschwitzter und dennoch eindringlicher Weise vorführt, zudem mit einem Humor, der diese Passage auf eine Stufe hebt mit der »Der Held ejakuliert gegen eine Glühbirne«-Szene in »Portnoy's Complaint« von Philip Roth und mit der Beschreibung sich auf den Wellenkämmen der Ostsee auflösender jugendlicher Ergüsse in Günter Grass' »Katz und Maus«.

Per Olov Enquist hat, wie zu erwarten war, diese Phase seines Lebens ohne Rückenmarkserweichung überstanden, und angesichts der wunderbar leichtfüßigen und zugleich innigen Art, in der er insgesamt über Sex schreibt, lassen wir Leser uns, mit Verlaub, seine Erwartung dereinstiger Höllenqualen nicht allzu nahegehen. Leichtfüßig und innig – zum Beispiel, wenn im »Besuch des Leibarztes« jener Johann Friedrich Struensee, der innerhalb von vier Jahren Dänemark beinahe komplett reformiert, an seine Geliebte, Königin Caroline Mathilde, angedockt hat und die beiden nur daliegen, vollkommen still, und mit ihren genitalen Sinnesorganen auf den Pulsschlag des jeweils anderen horchen.

Egal, nicht Sex war das angekündigte Thema, sondern Metaphorik, Bedeutung, die sich löst vom Konkreten und Vorstellungsräume öffnet. Der Wald. Der Schnee. Das grüne Haus.

Der Krüppel, infolge schlechter Gene oder ionisierender Strahlen. Die Geisteskranke, die, angepflockt auf der Wiese, ihre Runden trottet wie eine Ziege. Der Weltverbesserer, der mehr an der eigenen Naivität scheitert als an der Schlechtigkeit der anderen. Das Porträtbild des Vaters, von dem nicht klar wird, ob es aufgenommen wurde, bevor die Seele aus ihm gewichen ist, oder danach. Die vertauschten Kinder. Schließlich immer wieder das frühtote Kind, gestorben einige Tage, spätestens wenige Wochen nach der Geburt. Oder Köpfe. In der grandiosen Prosasymphonie »Gestürzter Engel« bilden sie neben der Liebe und dem Tod das dritte Grundmotiv: Ein bizarr entstellter Kopf, der einen zweiten auf der Stirn trägt. Der Kopf eines Kindesmörders. Der Gipsabguss des Kopfes von Bert Brecht, den seine Gefährtin Ruth Berlau in einer Hutschachtel bei sich trägt. Oder Tiere, immer wieder Tiere. Pferde. Hunde. Katzen, tot oder lebendig. Möwen. Blutegel. Libellen. Oder Schwäne. Schwäne, die (»Der Besuch des Leibarztes«, S. 324) *eingebohrt in ihre Träume* einfach daliegen. Überhaupt träumen die Tiere bei Per Olov Enquist, und man nimmt es ihm ab wie alles andere auch. Oder, für alle Enquist-Anfänger: Ein Krokodil, ein Hund, eine Wolfmutter mit ihrem Jungen und ein Bär. Sie bestimmen die Atmosphäre in »Großvater und die Wölfe«, was angeblich ein Kinderbuch ist, aber zum Beispiel meine Frau augenblicklich zum Weinen gebracht hat, und die ist definitiv kein Kind. Die Geschichte beginnt mit dem Traum Minas, von einem Krokodil in den Po gebissen worden zu sein, und sie endet damit, dass der Großvater sich ein Bein bricht. Angeblich hat Herr Enquist sich auf einem Ausflug mit seinen Enkelkindern tatsächlich ein Bein gebrochen, aber diesmal bin ich ausnahmsweise nicht sicher, ob das wahr ist. Sicher bin ich in meiner Empfehlung: Wenn Sie noch gar nichts von Per

Olov Enquist gelesen haben, fangen Sie mit »Großvater und die Wölfe« an; lassen Sie sich von Mischa, der schwarzweißen sibirischen Hündin zum Wolfsjungen führen und zum geheimnisvollen Dreihöhlenberg. All das ist prototypische Enquistsche Metaphorik. Apropos, ich bin Ihnen noch eine Auskunft schuldig. Die Geschichte vom Spunk, diesem kleinen spermatozoisch-insektoiden Bastard Astrid Lindgrens, war meine metapherntheoretische Lieblingsgeschichte, bis vor kurzem. Jetzt ist es eine andere.

Ein Junge geht den Strand entlang, am Bottnischen Meer. Damit beginnt der Roman »Auszug der Musikanten«. Der Junge geht auf eine Gestalt zu, die weit draußen auf dem äußersten Zipfel der Landzunge steht. Er muss die Augen zusammenkneifen, denn es ist ein klarer, schöner Tag, und er hat die ganze Zeit die Sonne schräg im Gesicht. Schließlich erreicht der Junge den großen, schwarz gekleideten Mann, der dort barfuß auf den Steinen steht und angelt. Er beobachtet ihn eine Weile und fragt ihn schließlich, ob er was gefangen hat. Der Mann (»Auszug der Musikanten«, S. 9) *zog Schwimmer und Haken hoch und blickte bekümmert auf den rudimentären, kleinen Rest, der vom Wurm übrig war. Dann schüttelte er melancholisch lächelnd den vierkantigen Kopf, nahm vorsichtig den Haken zwischen Zeigefinger und Daumen und begann mit kleinen grabenden, kauenden oder mahlenden Verrenkungen, den Mund und die Kiefer zu bewegen. (…) Er spitzte die Lippen, neigte den Kopf zur Seite, die Backen rundeten sich und glätteten sich wieder, es mahlte und mahlte dort drinnen, als versuchte er, mit Hilfe der Zunge etwas herauszubringen: dann hob er mit äußerster Vorsicht die eine Handfläche nach oben und spitzte die Lippen wie zu einem Kuss. Der Junge fixierte ihn wachsam und mit verblüfft geweiteten Augen. Und nun sah er, wie zwischen den gespitzten*

Lippen des Mannes etwas hervorkam, spitz und beweglich. Es war etwas Langes. Es lebte. Ein Regenwurm.
Der Wurm, der geborgen und vom Speichel reingespült im Mund des Menschen liegt – das ist neu und im metaphorischen Angebot einfach überwältigend. Würmer, die aus dem Mund kommen. Wie Schlangen. Oder wie Kinder, die aus dem Mund geboren werden. Überhaupt vergisst man diese ersten fünf Seiten aus dem »Auszug der Musikanten« nicht mehr; mehr noch, sie gehören zu jenen Passagen in der Literatur, die man im Leben nicht vergessen möchte. Damit bin ich aber eigentlich schon beim nächsten Abschnitt.

Hochsprung. Ich weiß, wenn es um Enquist geht, lässt keiner dieses Thema aus, und das nervt einerseits, andererseits ist es auch verständlich, denn wann wird man schon eines Schriftstellers habhaft, der seinen Körper nicht nur ab und zu auf einer horizontalen Ebene vom Schreibtisch wegbewegt, sondern bezeugtermaßen wiederholte Male beinahe zwei Meter hoch in die Luft geschleudert hat. Wer einmal springt, der muss es in gewisser Weise immer wieder tun, offenbar auch mit 75 noch und sogar, wenn er sich eben erst ein Bein gebrochen hat, angeblich.
Ich zum Beispiel habe dieses Problem gar nicht, denn ich bin in meiner Glanzzeit 1,28 Meter hoch gesprungen, in der sechsten Klasse Gymnasium, mit ganz viel Anlauf. Die sechzig Meter bin ich in 8,0 Sekunden gelaufen und im Weitsprung schaffte ich 6,01 Meter, was aber eindeutig auf die wohlwollende Handhabung des Maßbandes durch meinen Turnlehrer zurückzuführen war. Er muss irgendetwas von meiner kurzzeitigen Ambition, ein weltberühmter Leichtathlet zu werden, gespürt haben. Meine Karriere war trotzdem rasch vorbei und spezi-

ell der Hochsprung ist mir durch zwei ganz andere Dinge in Erinnerung geblieben. Erstens in Gestalt einer Fotografie aus dem »Großen Herder«, dem zwölfbändigen Lexikon meiner Eltern: Valeri Brumel überquert in einem perfekten Straddle, jener Technik, bei der der Athlet der Latte Gesicht und Bauch zukehrt, 2,18 Meter, was damals, 1964 in Tokio, den Olympiasieg bedeutete. Per Olov Enquist ist auch Straddle gesprungen, schätze ich, Gott sei Dank, denn wir ahnen, was der Literatur verlorengegangen wäre, hätte er zum Beispiel zeitgerecht den Fosbury-Flop gelernt. Zeitgerecht wäre das – Enquist ist Jahrgang 1934, zur Erinnerung – nur in Österreich möglich gewesen! – Jetzt klotze ich, zugegeben, mit einem sporthistorischen Detail, das vermutlich die wenigsten von Ihnen kennen. Nicht Dick Fosbury war es nämlich, der die Flop-Technik erfand, mit der er 1968, also vier Jahre nach Valeri Brumel, in Mexiko Olympiasieger wurde und die später Sportler wie Dwight Stones, Patrik Sjöberg oder Javier Sotomayor zu Weltrekordlern machte, sondern ein junger Österreicher, der schon Mitte der fünfziger Jahre die Menschen damit irritierte, dass er im Sprung der Latte nicht Gesicht und Bauch, sondern das Hinterteil zukehrte. Der junge Mann hieß Fritz Pingl, stammte aus Mariazell in der Steiermark, dem österreichischen Zentrum pietistischer Marienverehrung, und stellte 1958 einen nationalen Rekord auf – 1,96 Meter. Er blieb damit einen Zentimeter unter der Bestmarke von Per Olov Enquist, was wir gerade hier und heute sehr in Ordnung finden, was möglicherweise bedeutet, dass Mariazell in seinem religiösen Fundamentalismus genau einen Zentimeter weniger schlimm ist, als es Hjoggböle in Västerbotten war, aber da bin ich schon wieder mittendrin in kindischen Kompensations-Spekulationen.
Apropos Kind. Apropos Hochsprung. Österreich. Enquist. Ich

war im Sommer 1972 gerade elf geworden, in München fanden die Olympischen Spiele statt, und Per Olov Enquist war als Berichterstatter dabei. Dass er sich den Hochsprung der Damen entgehen hat lassen, kann ich mir nicht vorstellen, dass er ihn vergessen hat, schon eher, denn der Wettkampf ging am 4. September über die Bühne, genau einen Tag vor der Geiselnahme im israelischen Sportlerlager samt der nachfolgenden Katastrophe von Fürstenfeldbruck. Die Österreicherin Ilona Gusenbauer, die Straddle sprang und seit einem Jahr den Weltrekord hielt, war Favoritin, riss aber dann bei 1,90 Meter drei Mal, und ein sechzehnjähriges deutsches Mädchen, das die Gestalt einer jungen Giraffe besaß und klarerweise Flop sprang, Ulrike Meyfarth, war die Siegerin. An die Skepsis im Blick dieses Mädchens kann ich mich erinnern, an die ungelenken Jubelsprünge nach den überquerten 1,92 Meter ebenfalls und vor allem an etwas, das beim Flop leichter zu fassen ist als beim Straddle, an den Moment des Stillstandes über der Latte.

Der Stillstand über der Latte. Drei Zentimeter Luft oder fünf, oder gar eine Handbreit; manchmal tupft der Körper auch ans Metall, manchmal scheint er geradezu darauf zu liegen. Die Welt hält den Atem an. Das Wissen um die Dinge, die in der nächsten Sekunde passieren werden, ist noch ungeteilt. Der Springer weiß etwas, und die Veränderungsmacht, soweit sie existiert, liegt ausschließlich bei ihm. Auch der Betrachter weiß etwas, kann aber nicht Einfluss nehmen, äußerstenfalls wegschauen. Es entsteht ein Augenblick von Distanz und Intimität zugleich, und genau dieser Moment ist von Interesse, im Hochsprung und, mehr noch, in der Literatur.

Es sind Situationen existenzieller Zuspitzung, die Enquist uns auf diese Weise vor Augen führt: Anlauf, Absprung, und dann, im Flug, die Verlangsamung bis zum Moment des Stillstan-

des, in dem alles vollkommen klar wird, wie ein Kristall. Onkel Arons mühevoller Selbstmord auf dem Eis, mit Brechstange und einem Rucksack voller Kartoffeln und Steine; am Ende der Triumph. Josefina Markströms Weg durch die Winternacht, auf dem Schlitten, hin zu ihrem Sohn, der da irgendwo in einem fremden Haus liegt, mit abgebissener Zunge. Beides aus »Auszug der Musikanten«. Oder die Hinrichtung Johann Friedrich Struensees, bei der das Beil schließlich doch seinen Weg findet und der Besuch des Leibarztes endgültig vorbei ist. Viele Passagen aus »Ein anderes Leben«. Oder vielleicht jener Augenblick, in dem in »Gestürzter Engel« Pasqual Pinon stirbt und seine Frau Marie, die ihm als zweiter Kopf aus der Stirn wächst, allein zurückbleibt. (»Gestürzter Engel«, S. 109 f.): *Der Vogel war aufgeflogen, der Nachtnebel lag wieder unbeweglich über dem See, und sie war allein. Was wollte sie rufen? Niemand weiß es. Liebe soll man nicht zu erklären versuchen. Aber was wären wir, wenn wir es nicht versuchten. (…) Sie lag jetzt still, den Blick nach oben gerichtet, sah gerade durch alles hindurch, als könnte nichts sie hindern. Dann trennten sich die Lippen langsam, in einem sehr schwachen, aber deutlichen Lächeln, sie schloss die Augen und starb. Acht Minuten nach ihm. Acht Minuten war sie allein gewesen.*
Die Welt steht still, man hält den Atem an und, wenn es dann doch vorbei ist, fasst man nach und möchte halten, was man da gerade gelesen hat, wie den Vogel, der aufgeflogen ist. Manchmal gelingt das auch und manchmal notiert man sich zumindest die Seite, auf der man wiederlesen kann.

Über Angst, ganz kurz, wie angekündigt. »Ein anderes Leben«, Seite 107, das Ende des Kapitels, ein einziger Satz des Erzählers über den Erzähler Per Olov Enquist:

Schließlich ist es für ihn ganz natürlich, dass er nie Angst hat, wenn er schreibt, aber nur dann nicht.
Das Schreiben als einzige Möglichkeit, die Angst davor, in diesem Leben keinen Platz zu finden, zum Verschwinden zu bringen, die Angst vor der Unverbundenheit, vor der Unmöglichkeit, mit Menschen und Dingen in Berührung zu kommen. Das Schreiben als Anschreiben gegen den Weltverlust.
Schließlich ist es für ihn ganz natürlich, dass er nie Angst hat, wenn er schreibt, aber nur dann nicht. – Keiner hat mir jemals mein eigenes Schreiben so knapp und zwingend erklärt.
»Ein anderes Leben« ist überhaupt vieles zugleich; vermutlich trägt das Buch deshalb keine Gattungsbezeichnung. Am Schluss ist es übrigens auch ein wunderbares Buch über die Psychiatrie, nicht allein für den Psychiater. Vor allem aber ist es ein Buch über das Erzählen als einzig taugliches Mittel, um Verbindung zur Welt herzustellen, auf ihr also tatsächlich auch anzukommen. Es ist somit eine Art Lehrbuch der narrativen Mäeutik, der erzählerischen Geburtshilfe und gerade dadurch zugleich Essenz und Kulmination eines Werkes, das alles verdient, nicht nur diesen Preis.

Apropos Preis. Ganz am Ende, wie ganz am Anfang versprochen, selbstdenunziatorischer Tratsch – der möglicherweise dazu führen wird, dass ich nie wieder in eine Jury berufen werde. In der Jurysitzung vom 7. Oktober 2009 gab es in Wahrheit nur zwei ernsthafte Kandidaten, Enquist und Herta Müller. Wie die Sache ausging, bei uns und einige Tage später für Herta Müller, ist bekannt. Wäre ich jetzt ein, sagen wir, mit einem vierjährigen Kind identifizierter und daher magisch denkender Kinderpsychiater, müsste ich mich auf der Stelle bei Per Olov Enquist dafür entschuldigen, dass wir ihn mit unserer

Entscheidung um den Nobelpreis gebracht haben. Tu ich aber nicht. Ich möchte nämlich, ehrlich gesagt, in diesem Moment nichts anderes sein als ein Schriftsteller, der sich vor einem großen Kollegen verneigt, in Bewunderung, Respekt und Freude.

Helene, Mio und der Tod

Als ich auf den Tag genau heute vor zehn Jahren die Gedenkrede zur Befreiung des KZs Melk (auch ein Nebenlager des Konzentrationslagers Mauthausen) halten durfte, habe ich am Ende gesagt, es stünde uns allen gut an, uns ein wenig dafür zu schämen, wie dieses Land nach wie vor mit seiner nationalsozialistischen Vergangenheit umgeht. Daraufhin haben sich einige der anwesenden Politiker demonstrativ abgewandt und mir nicht mehr die Hand gegeben. Aufgrund dieser Erfahrung wollte ich heute erst über Scham sprechen, habe es dann aber bleiben lassen; – nicht weil ich will, dass Sie, meine Damen und Herren, mir nachher alle die Hand geben, sondern, weil es hier um Kinder gehen soll und Kinder zur Scham sowieso eine eher wenig verkrampfte Beziehung haben. Im Gegensatz zu uns pädagogisch und politisch verbogenen und vorwiegend narzisstisch konfigurierten Erwachsenen tun sie, die Kinder, es einfach, wenn es am Platz ist – sie schämen sich. Also: keine Rede über Scham.

Wenn es um Kinder gehen soll, rede ich derzeit am liebsten von Helene. Helene ist eineinhalb. Sie ist im Besitz einer Mutter, die sie tröstet, wenn sie weint, eines Vaters, der sie in die Luft wirft, von Großeltern, die ihr Marienkäfer zeigen und den Mond, und einer Plüschkatze, zu der sie »Miomio« sagt. Helene hat karottenrotes Haar, einen Sportwagen, mit dem man ziemlich schnell fahren kann, und im Gesicht jene Mischung aus unbändiger Lust und tiefer Ernsthaftigkeit, wie man sie nur bei eineinhalbjährigen Kindern findet, wenn sie gerade mit dem beschäftigt sind, mit dem eineinhalbjährige

Kinder im Allgemeinen beschäftigt sind, mit dem Erkunden der Welt.

Unlängst waren wir mit Helene Schi fahren; das heißt, die Großen sind Schi gefahren und einer von uns Großen hat Helene in ihrem wintertauglichen Sportwagen durch die Gegend chauffiert. Beim Frühstück haben wir einander getroffen und Helene hat uns an den Aspekten der Welterkundung einer Eineinhalbjährigen, die nicht nur den Kinderpsychiater begeistern, teilhaben lassen: an Symbolbildung und an Mentalisierung. Die Lösung der Bedeutung von einem konkreten Gegenstand und ihre Übertragung auf einen anderen – das ist Symbolbildung. Zum Beispiel: Helene kommt zum Frühstück, sieht auf dem Fensterbrett einen Schneemann aus Holz stehen, erkennt in ihm ein Abbild all jener Schneemänner, die sie auf ihren Sportwagenfahrten gesehen hat, stürzt begeistert auf ihn zu und ruft: »Neema, Neema« – Schneemann, Schneemann. Die Vorstellung der abwesenden echten Schneemänner, das Erkennen des Gemeinsamen – runde weiße Bäuche und Köpfe, schwarze Knopfaugen, Karottennasen – und die Bedeutungsübertragung mithilfe eines sprachlichen Symbolons, des Begriffes »Schneemann« – das ist Symbolbildung. Die Vorstellung psychischer Prozesse in einem anderen Menschen, die Vorstellung davon, was das Gegenüber denkt, fühlt, befürchtet oder wünscht – das ist Mentalisierung. Zum Beispiel: Helene kommt zum Frühstück, sieht auf dem Fensterbrett ihren Holzschneemann stehen, hat bei den drei vorangegangenen Frühstücken die Begeisterung von uns Großen (nicht nur vom Kinderpsychiater-Großonkel) wahrgenommen, blickt sich um, identifiziert die Erwartung in unseren Gesichtern und sagt mit einer Mischung aus Enthusiasmus und Verschmitztheit: »Neema, Neema« – Schneemann, Schneemann. Das Erkennen des emotionalen Ausdruckes in den Gesichtern der Umsitzenden, die Verknüpfung mit dem aus dem eigenen Inneren bekannten Gefühl der Freude und die Vorstellung, mittels der sprachlichen Benennung eines Holzschneemannes diese Freude in den anderen hervorzurufen – das ist Mentalisierung. Deshalb lieben wir übrigens kleine Kinder besonders – auch, aber nicht vor allem, weil sie in uns Freude hervorrufen, sondern weil sie in uns Freude hervorrufen *wollen*. Bei der Symbolbildung wie auch der Mentalisierung spielen Vorstellungen eine zentrale Rolle – bildhafte, szenische und ausgiebig mit Gefühlen unterfütterte Hervorbringungen unseres seelischen Zentralorgans. Wir alle tun es ständig, wir phantasieren, imaginieren, inszenieren – wir stellen uns eben vor: Erfreuliches und Ängstigendes, Jämmerliches und Großartiges, Platonisches und Bacchantisches, unangreifbar Braves und über die Maßen Unanständiges. Wir stellen uns Schneemänner vor, eine akute, natürlich höchstens mittelschwere Erkrankung des Lehrers, sofern wir Schüler sind und die Abwesenheit des Lehrers nützlich wäre, wir stellen uns trotzdem vor, wie wir ein *Sehr gut* auf die nächste Schularbeit kriegen, wir stellen uns ein Krügel Bier vor, wenn grad keins da ist und die Luft trocken, ein Lob vom Chef, eine Niederlage des Konkurrenten, ein schnelles Auto, den maximalen Lottogewinn, die ewige Seligkeit und die fesche Frau Nachbarin, aber bitte ohne den Herrn Nachbarn. Wir Kinderpsychiater stellen uns in diesen Tagen vielleicht vor, gewissen geistlichen Herren Reißnägel auf den Betschemel zu legen, und nicht nur als Kinderpsychiater stellen wir uns vor, wie es wäre, gewissen Politikerinnen die Bänder ihrer Dirndlschürze durchzuschneiden. Vorstellungen sind frei, unterliegen nicht dem Strafrecht, und auch die katholische Kirche hat heute andere Sorgen als die Frage der Gedankensünde, wage ich zu behaupten. Vorstellungen sind frei, tun in der Regel niemandem weh und haben eine eminente psychohygienische Funktion: Sie machen die Realisierung triebhafter oder affektgeladener Impulse überflüssig. Die gegen das Vordergebiss des ungerechten Vorgesetzten bloß imaginierte Faust erspart einem Kündigung, Strafverfahren und Schadenersatzzahlung und tut doch ihre Wirkung. Die fesche Frau Nachbarin, für ein Stündchen ins eigene Bettchen nur vorgestellt, erspart einem Alimentationszahlungen, den Scheidungsanwalt und möglicherweise einen Umzug. Vorstellungen sind frei und bewegen sich überallhin, topografisch, emotional und moralisch – am wenigsten gern in Gegenden, in denen der Schrecken zu Hause ist, der wirkliche Schrecken, und der ist heute unser Thema.

Helene ist ein Mädchen, das sich gern Sachen vorstellt – Hunde (»Wuwus«, wie sie sagt), Schneemänner und die Freude in den Herzen der Menschen, die rings um sie sind. Helene ist ein kluges Mädchen und wird in ein paar Jahren tun, was alle Kinder tun, die klug sind und sich gern Sachen vorstellen, sie wird lesen. Wenn sie zehn oder elf sein wird und wenn sie aus der Sicherheit ihrer Beziehungen heraus dazu bereit sein wird, wird sie vielleicht »Mio, mein Mio« lesen, jenes großartige Buch von Astrid Lindgren, das nichts mit Plüschkatzen zu tun hat, in dem – ganz im Gegenteil – von den wirklich schrecklichen Dingen die Rede ist, von der Einsamkeit von Kindern, vom Bösen, das durch Erwachsene kommt, von der Mutter, die fehlt, weil sie gestorben ist, und am Ende vom Tod, den man sich selbst gibt. Helene wird traurig sein, wenn sie das Buch gelesen hat, und zugleich die Gewissheit haben, ein Stück vom Leben verstanden zu haben, ein Stück, das wichtig ist, obwohl es sich nur in ihrer Vorstellung befindet. Sie wird verstanden haben, dass Ungerechtigkeit die Regel und Gerechtigkeit bestenfalls eine hübsche Idee ist, sie wird verstanden haben, dass es Menschen gibt, die ein Herz aus Stein besitzen, und sie wird verstanden haben, dass für manche Kinder die Welt so schlecht ist, dass ihnen wie Mio nur der Aufbruch ins Land der Ferne bleibt.

Die Kinder, von denen heute die Rede ist, die Kinder in den Konzentrationslagern des Nationalsozialismus, haben »Mio, mein Mio« mit Sicherheit nicht gelesen, denn das Buch ist erst 1954 erschienen. Sie haben nicht gelesen von diesem Buben, der in Wahrheit Bo Vilhelm Olsson heißt und eines Tages die Gewissheit erlangt, dass er ein Prinz ist. Sie haben nicht gelesen von Mios Freund Jum-Jum, vom Brot, das den Hunger stillt, von der Quelle, die den Durst löscht, und von den Mänteln, unter denen man unsichtbar wird. Schließlich haben sie nicht gelesen von den Kindern, die in dunkle Vögel verwandelt werden, und vom abscheulichen Ritter Kato, aus dem die Bosheit fließt wie eine kalte Flut. Die Kinder in den KZs haben all das nicht gelesen, aber wenn ich mich dem anzunähern versuche, was ihnen widerfahren ist, tue ich mir am leichtesten, wenn ich mir sage: Möglicherweise haben sie sich das vorgestellt – Prinzen zu sein und Prinzessinnen, Brot zu haben, das den Hunger stillt, und Mäntel, die unsichtbar machen. Sie haben sich vorgestellt, ihre Eltern wieder zu haben, oder, wenn das nicht klappt, in dunkle Vögel verwandelt zu werden und ins Land der Ferne aufzubrechen. Die Vorstellung der Vorstellungen dieser Kinder ist noch am ehesten auszuhalten. Versucht man sich ihrer Realität anzunähern, zum Beispiel entlang von Betroffenenberichten, erreicht man rasch die Zone des wirklichen Schreckens und ist augenblicklich versucht, in den Mechanismus zu verfallen, der den Umgang mit der Menschenvernichtung durch

den Nationalsozialismus nach wie vor breit kennzeichnet, in den der Vorstellungsverweigerung.
Die Vorstellung des Schreckens: Am heutigen Tag kann ich Ihnen den wirklichen Schrecken leider nicht ganz ersparen. Wer stellt sich schon gern vor, wie es für ein Kind ist, wenn neben ihm der Vater erschossen wird, die Großmutter oder ein anderes Kind, ein kleineres? Wer stellt sich schon gern vor, wie es klingt, wenn ein Soldatenstiefel auf den Kopf eines Säuglings trifft? Wer stellt sich schon gern die letzte Scham eines Kindes vor, das nackt an der Hand seiner nackten Mutter ins Gas geht (doch eine Bemerkung über Scham – man sehe sie mir nach)? Ein Kind wird getötet – das ist der wirkliche Schrecken, schon in der Vorstellung.
Ob diejenigen, die es getan haben, einfach Vorstellungsverweigerer waren wie wir in der Konfrontation mit dem Unerträglichen, ob sie ein primäres Mentalisierungsdefizit aufgewiesen haben, soll heißen, aufgrund ihrer eigenen Kindheitsgeschichte nicht in der Lage waren, sich vorzustellen, wie andere Menschen fühlen, oder ob organisationssoziologisch begründbare Mechanismen, deren Ursachen man zwischen dem berühmten Experiment von Stanley Milgram und Hannah Arendts Rede von der Banalität des Bösen finden kann, ihr Handeln erklären können, bleibt eine letztlich unbeantwortbare Frage. Was sie sich vorgestellt haben, kann man sie nicht mehr fragen, ebenso wenig, ob sie in den Gesichtern der Kinder etwas gelesen haben, oder, ob sie vielleicht ihre Namen gekannt haben. Wir kennen jedenfalls manche der Täternamen und die Namen der Orte, an die sie den Tod gebracht haben und die Bosheit, wie eine kalte Flut. Theresienstadt, Dachau, Auschwitz, Mauthausen, Sobibor, Treblinka, Majdanek, Bergen-Belsen, Ebensee, Gusen, Lackenbach, Melk, Herzograd. Oder Morin-

gen, Uckermark, Spiegelgrund, um Plätze zu nennen, an denen speziell über Kinder und Jugendliche der Schrecken gebracht wurde.
Oder Neuengamme. Das Letzte, für mich das Fürchterlichste; weil alles so konkret ist, so gut dokumentiert. Stellen Sie sich einen Arzt vor, keine vierzig, ehrgeizig, der schon Oberarzt ist und mithilfe einer Studie über Infektionskrankheiten Professor werden möchte. Stellen Sie sich vor, dass sein Name Kurt Heißmeyer ist und er von der Hypothese ausgeht, rassisch minderwertige Menschen seien weniger resistent gegen Krankheitserreger als hochwertige. Also fordert er Ende November 1944 zwanzig jüdische Kinder aus dem KZ Auschwitz an, zehn Mädchen und zehn Buben, steckt jedem von ihnen einen Schlauch in die Luftröhre, ohne Betäubung, versteht sich, und spritzt ihnen Tuberkel-Bazillen in die Lunge. Parallel dazu infiziert er zwanzig Meerschweinchen mit dem Tuberkulose-Erreger, für jedes Kind ein Meerschweinchen, mit jeweils der gleichen Nummer. Als die Kinder knappe fünf Monate später noch leben, alle zwanzig, und das bevorstehende Kriegsende selbst für die borniertesten Nazis sichtbar wird, packt man sie zusammen und bringt sie in eine Außenstelle des KZs Neuengamme, in die aufgelassene Schule am Bullenhuser Damm im Hamburger Stadtteil Rothenburgsort. Dort hängt man sie auf, paarweise, an Haken in einem Kellerraum. Weil sich die Schlinge aufgrund der Leichtigkeit der Kinder schlecht zuzieht, hängt ein Mann sich mit seinem Körpergewicht an ihre Beine. Stellen Sie sich diesen Mann vor, stellen Sie sich vor, dass er Johann Frahm heißt, und stellen Sie sich den SS-Offizier vor, der das Ganze beaufsichtigt; er heißt Arnold Strippel. Stellen Sie sich vor, dass alle Beteiligten eine Extraration Zigaretten und Schnaps kriegen und dass dieser Strippel, nachdem

ihm 1970 seine ursprünglich lebenslange Haftstrafe rückwirkend auf sechs Jahre ermäßigt worden ist, von der Bundesrepublik Deutschland 120 000 Mark Haftentschädigung zugestanden bekommt. Stellen Sie sich vor, dass er 1994 stirbt, als freier Mann, und dass es keinerlei Berichte davon gibt, welch kalte Flut von Bosheit von ihm geflossen ist. Stellen Sie sich vor, nebenbei, dass der Tag, an dem die Kinder sterben, ausgerechnet der 20. April ist.

Stellen Sie sich vor, dass das älteste dieser zwanzig Kinder zwölf Jahre alt ist, ein französischer Bub mit Namen Georges-André Kohn, und das jüngste ein erst fünfjähriges polnisches Mädchen, das Eleonora Witoński heißt. Es hat einen Bruder, Roman Witoński, der auch an diesem Tag stirbt. Er ist immerhin schon sieben.

Die Schule, in der die Kinder starben, heißt heute Janusz-Korczak-Schule und erinnert an den großen polnischen Kinderarzt und Pädagogen. Janusz Korczak erfuhr nichts mehr von den Ereignissen am Bullenhuser Damm. Er war schon zweieinhalb Jahre früher, im August 1942, gemeinsam mit den Waisenkindern aus dem Warschauer Ghetto, für die er verantwortlich war, ins Gas geschickt worden, in Treblinka. Korczak hat in seiner Pädagogik der Achtung neben dem »Recht des Kindes auf den heutigen Tag«, neben dem »Recht des Kindes, so zu sein, wie es ist« das »Recht des Kindes auf den eigenen Tod« gefordert. Er meinte damit das Recht der Kinder auf Freiheit, Selbstbestimmung und Willensbildung, das Recht, das Leben freudig als etwas entgegenzunehmen, das immer auch ein gewisses Risiko in sich birgt. Den Kindern vom Bullenhuser Damm und allen anderen Kindern in den Konzentrationslagern wurde das Recht auf den eigenen Tod systematisch und in einer maximal zynischen Weise genommen, ein Recht, das Mio, der verlassene Bub, der eigentlich Bo Vilhelm Olsson heißt und ins Land der Ferne aufbricht, für sich in Anspruch nehmen kann. Von nichts anderem handelt nämlich Astrid Lindgrens Buch, vom Recht auf den eigenen Tod.

Wie schon gesagt: Ich stelle mir vor, dass Helene Mios Geschichte einmal verstehen wird, in zehn, zwölf Jahren. Wenn ihr zufällig ein paar weitere Jahre später die Geschichte der Kinder vom Bullenhuser Damm zu Ohren kommt, wird sie sich die Sache im ersten Moment gar nicht vorstellen wollen. Nach einer Weile wird sie, weil sie ja mentalisierungsfreudig ist, also nicht anders kann, als sich dafür zu interessieren, wie andere Menschen fühlen, vorsichtig zu fragen beginnen. Am Anfang, stelle ich mir vor, wird sie die für ihre Vorstellung vorerst einzig erträgliche Frage stellen: Weißt du eigentlich, was aus diesen Meerschweinchen geworden ist? Sie wird sich schlecht fühlen für diese Frage, und ich werde ihr sagen, dass sie das nicht muss. Dann werde ich ihr antworten: Die Meerschweinchen sind leider sehr bald gestorben – an Tuberkulose, stelle ich mir vor.

Textnachweise

Katzen, Körper, Krieg der Knöpfe. Von der Notwendigkeit, über Kinder zu schreiben (Zürcher Poetikvorlesungen, gehalten am 5., 12. und 26. November 2010 im Literaturhaus Zürich). Erstveröffentlichung

Innere Kinder. Ursprünglicher Versuch über den Krieg der Knöpfe (Festrede zum zehnjährigen Jubiläum des Wiener Kinderschutzzentrums, März 2002). Erstveröffentlichung

Erinnerungen an Insu-Pu (Vortrag anlässlich der Erich Fried Tage, Literaturhaus Wien, 13. November 2003). In: Christina Kleiser, Ursula Seeber (Hg.): Geteilte Erinnerung. Generationen des Exils. Wien, Czernin 2003

Das kann ja wohl nicht euer Ernst sein. Bubenfiguren bei Günter Grass, Richard Ford, Thomas Bernhard und Dan McCall. In: 1001 Buch, 1/2003

Was macht die Pfefferpistole in der Villa Kunterbunt? Sexualmetaphorik in der Kinderliteratur (Vortrag anlässlich der Arbeitstagung der Child Guidance Clinic Wien, 2. Juni 2004). In: Barbara Burian-Langegger (Hg.): Doktorspiele. Die Sexualität des Kindes. Wien, Picus 2005

Vom Weggehen. Eine kurze Metaphorik der Stadt (Rede zur Eröffnung des SOS-Kinderdorfes Wien Floridsdorf, 22. September 2006). Erstveröffentlichung

Mit dem Kopf im Sturm. Über Identität (Rede zur Eröffnung der 45. Jahrestagung der Österreichischen Gesellschaft für Kinder- und Jugendheilkunde in Wien, 13. September 2007). Gekürzt in: *Der Standard* vom 27. Oktober 2007

Wie sprechen wir Gestrigen über die Jugend von heute? (Vortrag anlässlich des Kinder- und Jugendpsychiatrischen Symposiums in Pöllau, 16. Mai 2008). Gekürzt in: Michael Steiner (Hg.): WAS. Vorwärts – rückwärts. Von den Schwierigkeiten des Fortschreitens. Graz, Leykam 2011

Von Regenwürmern und Himmelsharfen. Der Schriftsteller Per Olov Enquist (Laudatio für Per Olov Enquist anlässlich der Verleihung des Österreichischen Staatspreises für Europäische Literatur, Salzburg, 25. Juli 2010). Gekürzt in: *Neue Zürcher Zeitung* vom 31. Juli 2010

Helene, Mio und der Tod (Gedenkrede zur Befreiung des ehemaligen Konzentrationslagers Herzograd, 7. Mai 2010). In: *Der Standard* vom 15. Mai 2010

Danksagung

Zuallererst danke ich Karl Wagner für die Einladung an die Universität Zürich und für seine herzliche, geduldige und ermutigende Begleitung. Ohne ihn würde es dieses Buch nicht geben. Zugleich danke ich Beatrice Stoll für die großzügige Gastfreundschaft des Zürcher Literaturhauses. Ich danke Martina Schmidt, meiner Verlegerin und Lektorin, dafür, dass sie seit nunmehr zwei Jahrzehnten mehr Vertrauen in mich hat als ich selbst. Ich danke dem gesamten übrigen Team des Deuticke-Verlages, Brigitte Kaserer, Annette Lechner, Stefanie Neuhart, Susanne Rössler, Bettina Wörgötter und Peter Guttmann sowohl für die Professionalität, von der ich profitieren darf, als auch für die Freundschaft, die ich erfahre. Ich danke Klaus Nüchtern und Matthias Schödel, die mir in wichtigen Momenten genau die Unterstützung geben, die ich brauche. Ich danke Johannes, meinem Sohn, dafür, dass er in Sachen Film so viel weiß wie kein anderer. Vor allem danke ich Rita, meiner Frau, die mir immer wieder zeigt, dass sie meine anstrengende Art zu leben nicht nur erträgt, sondern wirklich mag.